从"菜鸟"到"牛人"：
软文营销
实战全攻略

段兴晨◎著

CONG CAINIAO DAO NIUREN
RUANWEN YINGXIAO SHIZHAN QUAN GONGLÜE

北京工业大学出版社

图书在版编目（CIP）数据

从"菜鸟"到"牛人"：软文营销实战全攻略 / 段

兴晨著. —北京：北京工业大学出版社，2017.3（2018.4 重印）

ISBN 978-7-5639-5099-7

Ⅰ.①从… Ⅱ.①段… Ⅲ.①网络营销 Ⅳ.

① F713.365.2

中国版本图书馆 CIP 数据核字（2016）第 317717 号

从"菜鸟"到"牛人"：软文营销实战全攻略

著　　者：段兴晨

责任编辑：丁　娜

封面设计：国风设计

出版发行：北京工业大学出版社

（北京市朝阳区平乐园 100 号　邮编：100124）

010-67391722（传真）　bgdcbs@sina.com

出 版 人：郝　勇

经销单位：全国各地新华书店

承印单位：三河市九洲财鑫印刷有限公司

开　　本：787 毫米 ×1092 毫米　1/16

印　　张：15.75

字　　数：207 千字

版　　次：2017 年 3 月第 1 版

印　　次：2018 年 4 月第 2 次印刷

标准书号：ISBN 978-7-5639-5099-7

定　　价：39.80 元

序

互联网技术正在以超乎人们想象的速度改变着大家的生活和工作。随着时代的不断发展和技术的不断革新，软文在互联网时代脱颖而出，成为促进传统营销方式改革的巨大推动力。越来越多的行业开始加入软文营销之中，也开始探索软文营销的秘诀，而本书就是在这样的一个时代背景下应运而生的，为企业和个人进行软文营销提供指导。

在营销的世界里，每一个营销人都知道一句话，那就是"得'用户'者得天下"。当今社会，无论是盛行的网络营销方式，还是传统营销方式，都离不开软文营销。软文营销是各类营销的基础，并且已经成为生命力最强的一种广告形式，它正在以强大传播力度影响着一个又一个领域，发挥着强大的作用，并且在广告市场上牢牢占据了一席之地。

软文已经在不知不觉间以润物细无声的方式进入我们的生活中。无论是传统媒体还是微博、微信等新型社交平台，都已经成为软文营销的强有力的支持平台，也成为无数企业营销和个人营销的主要选择。

在这种多媒体融合的时代，各种营销方式正在迅速发展。虽然他们的方法、方式和手段可能是不一样的，但是都有着一个相同的核心，那就是产品的内容。那么，对于产品内容最好的包装是什么呢？就是软文。软文不仅有着较强的传播力度和较广的传播范围，还对搜索引擎有着巨大的贡献。并且，软文有着低成本、高收获的特点，在如今这个追求低投入、高产出但又面临着大量营销费用的今天，软文自然受到了各行各业的广泛欢迎。

本书以全新的角度向读者介绍了什么是软文，软文的营销分类、特点以及软文营销的影响力，软文的内容写作技巧、标题写作技巧、关键词设置、发布与推广渠道选择等，详细地对软文做了一个从理论到实际应用的讲解，不仅有着丰富的案例汇总和分析，还有着较强的实操性。

软文营销的魅力在广告界成为现如今乃至于未来的一个主要的新发展趋势，它已经显示出其强大的威力，引起了社会各界人士的广泛关注。通过帮助企业树立品牌形象、吸引更多客户的注意力，从而让企业在互联网思维的引导下实现营销的最终目的。本书旨在帮助读者从入门到精通软文营销，从新手成为软文营销高手，从而玩转软文营销！

对于很多想要进行软文营销的个人、企业、营销从业人员，甚至是传统营销的人士来说，这本书都有着较强的实用性。当然，随着软文营销操作的行业以及成功的案例越来越多，软文在未来的营销中必将发挥着越来越重要的作用，它也将成为一大主流营销方式。

目　　录

第五章 布局，让读者在不知不觉间入毂的学问

第六章 关键词设定，巧妙博得搜索引擎的青睐

第七章　如何不着痕迹地植入行动目标

第八章　各平台软文营销该怎么玩

第九章 九大软文推广技巧，让软文营销事半功倍

第十章 八大行业软文营销经典案例

第一章

▶▶

软文，字里行间
的营销秘密

　　说到软文，通俗的理解就是"打着文章旗号的广告"，篇幅短小却蕴含着无穷的力量，也可谓是"短小精悍"。相比泛滥成灾的硬性广告，受众更喜欢这种于字里行间中隐藏着营销秘密的软文广告。软文的出现使企业的推广更加深入人心，能有效提升品牌的知名度，实现企业利润的最大化。

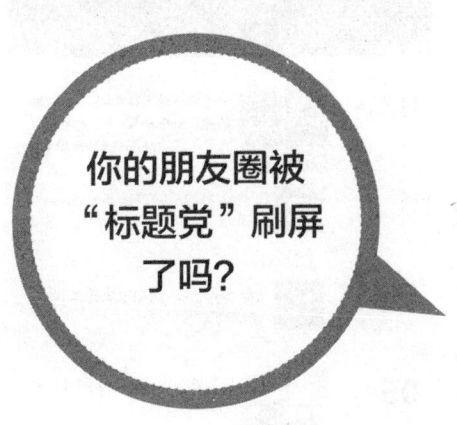

近几年，随着朋友圈的兴起，越来越多人的朋友圈开始被一些"标题党"刷屏。其实，朋友圈的本质就是"秀"，是吸引眼球，是分享具有可观赏性的内容，从自我展示到产品展示都要具有可读性。标题作为读者对文章的第一印象，起得好不好决定了是否能吸引读者的注意力。随着互联网技术的不断进步，朋友圈逐渐被"标题党"刷屏，这时候，标题的作用就凸显出来。

你是否也曾被这样的标题吸引？

在文章的传播过程中，标题最能够体现作者把握文章思想和运用文字的能力。而软文营销作为一种"文章中的广告"，标题是吸引读者阅读兴趣、概括和评价文章的主要板块。当然，随着营销手段的不断提高，越来越多的创作者为了使文章更加吸引读者眼球，往往会在标题上"搞特殊"。因此，出现了一些有时感觉与文章完全没有关系，略显夸张但又非常吸引人眼球的标题，人们称之为"标题党"，而大家的朋友圈也逐渐被"标题党"所刷屏（图1）。

当然，"标题党"由于方法新颖、吸引眼球效果奇佳在一定程度上被大家争先效仿。但是，又因其过度追求眼球利益，过于含糊其词、故作离奇而被大家逐渐厌烦，因此，标题要想真正做到吸引读者兴趣，就要区分良性标题和恶性标题。

一篇文章的标题很多时候要想吸引读者眼球，就要具有很强的幽默感和娱乐性，要充满智慧和创意，需要用心去构思，这才是良性标题（图2）。良性标题既可以娱乐自己，也可以娱乐大众。良性"标题党"的对象是具有大把空闲时间的网友，他们乐于见到新鲜事，即使发现被忽悠，也会轻松一笑。

图1　朋友圈已被"标题党"淹没

1.新手入"淘"3个月，月流水10万，我是这样做到的

2.微信朋友圈营销，我从0开始到月盈利5万

3.在名利场身不由己，屌丝"被"逆袭

图2　良性标题

而恶性标题（图3）却有歪曲事实、错估价值、肆意恶搞的倾向。这种标题虽然在一定程度上也达到了吸引眼球的目的，但并不能获得观众的欢心，甚至会引来反感。比如，有人把《水浒传》说成《3个女人和105个男人的故事》，把《卖火柴的小女孩》说成《残忍啊，美丽的姑娘被火柴烧死的

惊天血案》等，这些文章标题都是典型的恶性标题。

别带套，原来有这样的危害	"三个女人深夜敲门"的故事	全中国最性感的女人
↓ ↓ ↓	↓ ↓ ↓	然后配上一张半裸性感女人图
结果讲的是	结果那三个女人	↓ ↓ ↓
手机壳	分别代表财富、健康和美貌	打开却是告诉你
		【那就是你的妈妈】

图3 恶性标题为博人眼球令人反感

撰写一篇优秀的软文营销文案的关键步骤就是起一个好的标题。在我们的朋友圈中，总有很多吸引眼球的文章在不断刷屏，让你不由自主地开始阅读。那么，如何在软文营销中使你的标题更吸引眼球呢？

1.要学会"借力借势"

很多中小企业的品牌力度和影响力都不是很强，投入的资金也不足以进行大的营销宣传。因此，要想让标题夺人眼球，吸引读者注意力，就要学会"借力"，借政府的力、借新闻媒体的力、借专家的力、借大企业的力、借社会潮流的力等。图4所示的文章就是借用新闻媒体和政府的力，是典型的借力营销写标题。

图4 借力营销标题

借势不同于借力，借力一般是有一定代价的，而借势却是完全免费的。顾名思义，借势一般借助于最新最热的事件，从而吸引大家的注意力，达到进行产品营销的目的。图5所示的软文就是借势营销标题的代表，借热播影视剧《欢乐颂》为自己所在的服装行业造势，以大赚一笔。

必听课 人生赢家"涛总攻"的搭配经

1 高端网站建设	4 网站建设	7 怎么建立自己网	10 电商网站设计	13 自学考试
2 郑州网站建设	5 网站制作	8 昌平网站建设	11 计算机培训班	14 保安公司
3 优秀网页设计	6 怎么制作网站	9 如何制作自己的	12 建一个网站要多	15 自考专升本

2016-05-11 19:10:18

躲过了宋钟基，万万没想到被刘涛撩了心，《欢乐颂》大结局了，剧中干练知性的女强人安迪不知是多少少女的奋斗目标，现实中的刘涛更是霸屏女王、衣品出众、儿女双全的人生赢家。人生赢家"涛总攻"优雅知性、OL风的搭配经，也是必听的穿衣课。

图5　借势营销标题

借力借势不仅仅能更好地吸引大家的眼球，更能达到软文营销的目的。不同于赤裸裸的植入式广告营销，这种更能做到"润物细无声"式的广告营销更容易让大家接受，也更贴近生活。

2.学会制造悬念

人类天生有着好奇的本能。毫无疑问，制造悬念式的标题（图6）更容易吸引人的注意力。它容易抓住读者的注意力，让读者在寻求答案的过程中不自觉地产生兴趣，从而引发读者思考，达到营销的目的。

"三无"教授做世界一流发明：工坊式创新成绩

地震捐款成财政收入？政府不应"插手"慈善捐款

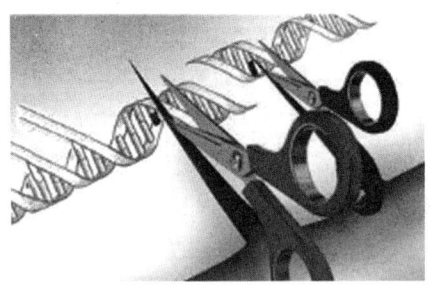

图6　制造悬念式标题

相信看到上述标题，大家心中都会有一个疑问，并且会有想要从文章中找到答案的感觉。这也可能引起一些没关注过此类问题的读者的思考，从而点击进来看，读者群也因此扩大。要想让大家被标题吸引，就要学会制造悬念。

3.学会利用文化特点

要知道，中国作为文明古国，其历史文化悠久。因此，在引人注意这方面，要学会巧妙采用诗词、谚语、成语典故、歇后语、口语和方言等具有特色的词汇，来做到吸引读者的目的，从而达到营销的目的。比如近几年流行的词语"非诚勿扰"就曾被用于房价问题上，标题为"房价下跌百姓只问不买，中介只求'非诚勿扰'"，这不就是一个典型的利用文化特点从而吸引大家注意力的标题吗?

综上所述，一个好的标题能够让处于互联网时代的我们更快地从海量的信息中找到对自己有用并且感兴趣的内容。在当今这个时代，信息数量处于爆炸状态，人们浏览信息的耐心自然也比较少，因此，如果标题不能做到引人注目，那么即使软文写得再精彩，也可能让读者与之失之交臂，大大降低了软文的传播效率，因此，一定要让标题吸引人眼球。

硬广优势渐衰，软文营销兴起

实际生活中，广告分为两种，一种是硬性广告，另一种是软性广告。时代在发展，社会在进步，传统也在不断革新，硬广的优势在逐渐衰退，越来越多的企业开始采用软文营销的方式进行宣传营销。当下，硬广的优势渐衰，而软文营销兴起，成为传统营销模式变革的推动力。

硬广是具有传播速度较快、可反复增强公众印象等优点的一种广告，在互联网社会的发展中其优势逐渐衰退。高成本投入、渗透力弱、周期短、传递内容简单等缺点成为当今社会硬广发展受到阻碍的主要原因。在硬广的轮番轰炸下，人们已经产生了审美疲劳，其发展就受到了限制，因此，硬广就失去了其天然的优势，又因为其投入成本较高，其优势便逐渐衰退。

而软文营销作为一种新型的生命力较强的广告形式，更符合当今社会的发展形势。在互联网时代下，得"用户"者得天下。软文营销秉承用户至上的思维，在各个环节都以用户为中心，因此能够充分激发人们的好感或者好奇心，进而迅速传播，提升企业的品牌形象和产品的宣传力度。

昨天，小方在同事面前抱怨：现在找个店做汽车养护真的很烦人。琳琅满目的养护店、黑心店报出的黑心价以及良莠不齐的服务，让自己无从应对。离家近的店价格太高、服务不好，离家远的价格虽低，但是光是油钱又要去掉不少。抛开这些不说，就连最简单的洗车都被冗长的排队浪费掉不少闲暇时间。本来工作、生活中的琐事就已经让他忙得团团转了，现在还要在养车的事情上煞费苦心，实在让他恼火不已。

机灵的小李在了解他的苦衷之后，拿出手机，打开了一款界面精良的软件。耐心地为大家介绍自己正在使用的一款汽车上门保养应用——"××养车"。

"小方，你真OUT（落伍）了！现在我们都用上门养车了！"小李得意地说。

"什么是上门养车？"

"'××养车'，服务APP（手机软件），跟你在网上订餐一样简单，选好了自己想要的服务，像保养、洗车、美容、维修、检测等都可以，自己对比价格，选择技师，下了单，你就在家等着人家上门服务就可以了。"

"是挺方便的，价格怎么样？"

"不比你去店里贵，我用了这款软件，挤出好多时间陪老婆孩子，省了不少心！"

小方通过查阅发现，"××养车"是一家专业的上门养车互联网转型企业。用户可以通过手机APP或者PC（个人计算机）终端，来订制最适合自己的上门养车服务。透明的商家报价一览无余，经过严格挑选的专业技师帮您省去爱车养护的一切烦忧。"足不出户，轻松养车"的互联网O2O养车时代已经悄然来临。

上述案例就是一个典型的智能APP养护车软件的故事性软文推广，这种故事性软文更加容易让大家记住，贴合生活，能增强读者信任度，还有可能实现二次或者多次传播。其实只要能够给读者带来价值，哪怕只是一句话、一个观点都有可能对大家有启发、有帮助，从而愿意接受并且帮助传播。

当然还有一点也是较关键的，那就是媒体对软文的收费比硬广要低得多，但性价比却较高。高额的硬广费用让很多中小型企业望尘莫及，而软文除了在一些主流平面媒体和网络媒体需要付费之外，还有很多免费的平台。如果调研、策划、创意、撰写都到位的话，甚至可能通过免费的方式获得硬广付费都达不到的效果，效果比那些动辄上百万元、上千万元的硬广差不到哪儿去。

当然，软文营销的兴起不仅仅是因为以上原因，还有持续性强、受众更精准、操纵更灵活等优点。相比于硬广来说，软文营销更加符合当今社会的广告要求，使大家更容易接受信息的推广而不至于反感，因此出现硬广优势逐渐衰退，软文营销逐渐兴起的现象也就不足为奇了。

小小"豆腐块"
蕴含的惊人力量

当今时代是信息爆炸的时代，各行各业都在试图通过广告等营销方式将产品和品牌推广出去，对于企业而言，再也不是当初的"酒香不怕巷子深"的时代了。因此，软文营销越来越受到大家的重视，成为企业获得财富的重要营销手段。

为网站带来更多流量

信息社会，铺天盖地的广告让人眼花缭乱、目不暇接，通过降价等营销手段进行促销只是"硬营销"，而且成本较高且效果并不是特别明显。于是，相对于"硬营销"而言的"软营销"逐渐被企业重视，并成为企业宣传的一个重要方式。

当然，在互联网上发布软文最大的好处就是可以让你的信息传递范围更广，让更多人访问到你的网站。众所周知，互联网早已经成为世界级的"操练场"，而存在于其中的网络链接每分钟都在大量增加。只要通过正确的方法，你的信息就可以通过互联网让成千上万的人阅读到。其中，网民特别喜欢那些知识性、趣味性强的信息，如果我们把一些商业性信息穿插其中的话，就可以很好地实现营销推广了。

所谓的软文营销就是指在网络环境下，企业向顾客传送的信息及采用的促销手段更具理性，更容易被顾客接受，进而实现信息共享与营销整合。一篇软文可以帮助企业宣传自己的形象、专业的领域，洞察用户存在的实际问题，让读者不知不觉产生好的印象，相信产品的知名度，为网站带来更多的流量，树立良好的企业形象。

曾经有位专家这样写过：

我在1月18日曾发布了一篇软文，通篇只有200多字，是为一家新开的叫×××的菜馆所写。帖子发出去后立刻就有人跟帖询问菜馆的地址电话，而且询问的人越来越多，我统一给了答复。当天就订出去了9桌，从那以后这家菜馆天天爆满，一直持续到现在，真没想到一个帖子竟然起到了这么大的作用。下面是帖子的原文：

"昨天在×××菜馆吃饭，感到老板用心极巧，菜品好看，餐具也讲究；另外有文化人为菜馆策划，真是用心。因此当桌倡议大家多扶持这样有文化品味的店，不光是餐馆，其他行业中有文化品味的店，大家也不妨扶持一下。"

由以上案例大家可以看出，软文营销中蕴含着无穷的力量，哪怕仅仅200多字，其所带来的强大的营销效果却是不可忽视的。其实软文也是普通的文章，写得越好的软文反而越看不到广告的痕迹，于无声处把该说的说了，让用户不知不觉间接受了产品。那么这小小的"豆腐块"究竟是如何为网站带来更多流量的呢？

一方面，软文可以借助新闻的影响力。在中国，报纸及其他媒体是代表中国权威、主流的声音。中国民众长期的思维定式就是崇拜权威、相信权威。中国媒体的权威性不容置疑，但广告的影响力就难说了，因为，商业诚信已成为一个社会性问题，广告是值得质疑的，这是目前广大消费者的普遍共识。

因此，企业在品牌形象力的塑造、公信力的打造上，必须要借用新闻的力量。在中国，新闻的力量是可以让人上"天堂"，同样也可以让人下"地狱"的。简而言之，在中国做品牌，一定要重视公信力，要善于借用和调动媒体的力量，要知道，品牌力=产品力+形象力+销售力+新闻力。

另一方面，软文有着信息补给的说服力。我们可以仔细观察一下硬广的表现形式，经常是一个广告中有着几张图片，但是能够发布信息的"地方"非常有限。但是，如果让消费者仅仅凭有限的图片和微乎其微的文字信息就决定购买，尤其是房地产、电器、汽车这样的大件消费品或是涉及身心健康的保健品、化妆品等，消费者就需要更多的信息。这时就要靠软文来做一个信息补给，包括对概念的展开、对卖点的展开等，以加强消费者购买的说服力。

当然，软文要想真正地为网站带来更多的流量还要有深入人心的感染力。中国文字本身就独具魅力，文字的穿透力、感染力有可能比图片更深入、更持久，尤其是恒久流传的文字比图片更有影响力。而软文能够充分发挥文字的特点，深入研究人性、情感、心理等，做到"晓之以理，动之以情"，散发出强烈的感染力，让这小小的"豆腐块"蕴含了无穷的力量。

增加企业搜索引擎排名

在软文营销中有一个关键之处，就是关键词的搜索。企业要想增加搜索引擎的排名，必须依靠关键词，它是决定一篇软文是否成功的大功臣，只有关键词的位置放置得当，才能增强企业搜索引擎的排名，为企业创造一定的营销收益。

软文营销十分注重内容在搜索引擎的重要性，而且，软文是可以被掌控的，你可以把与你网站主题相关的关键词都放到软文中去。在发布初期，放一些竞争性不是很强的关键词是排名靠前的有力保障，随着网站的发展，你可以逐渐去使用那些竞争性更强的词，这样能帮助搜索引擎更好地识别软文的主题。

大家都知道，关键词搜索是网络搜索索引的主要方法之一。对于软文来说，关键词是表达软文主题内容的主要部分，企业软文就是要做到让读者看到文章关键词或者标题就有一探究竟文章内容的想法，从而增加企业搜索引擎排名。因此，对软文营销来说，关键词的搜索尤为重要。那么，关键词是如何增加企业搜索引擎排名的呢？

1.找准适合放置关键词的位置

企业搜索引擎中，关键词的位置决定了软文搜索的点击量。在软文中加入关键词，更加利于用户的搜索，有助于提升网站的点击量。一般来说，关键词的放置位置决定了用户的搜索结果，不同的关键词会得到截然不同的结果（见图7）。

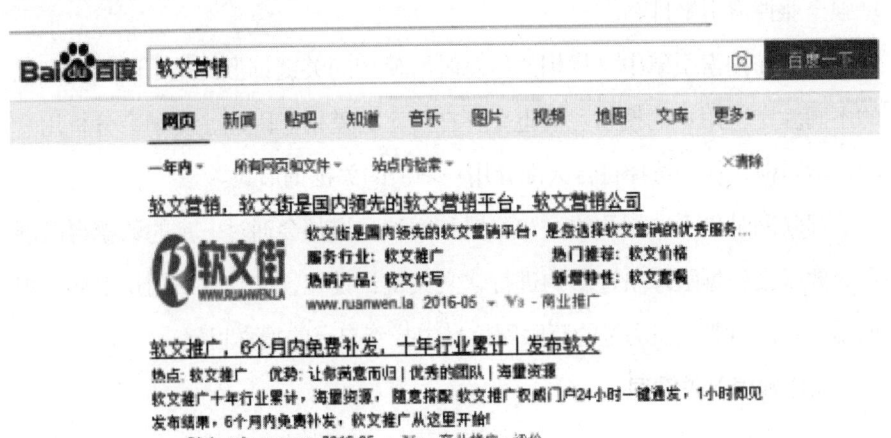

图7 以"软文营销"为关键词得到的搜索结果

标题是适合放关键词的位置之一。写好软文标题，让标题更具有销售力是网络营销的重要手段。一篇好的软文要真正带动网站的点击量、被搜索引擎收录、发挥销售力，其标题最好包括相关的关键词，构成一个关键词组合。

当然，还有一个问题也不可忽略，在标题中放置关键词时一定要语句通顺，不要为了加关键词而添加关键词。软文标题中的关键词不宜过多，以免分散主题思想，得不偿失。

关键词还必须在正文中有所体现，在一篇软文中，我们需要根据上下文的需要在软文的段落中适当地加入关键词，通常要贯穿全文，开头、正文、结尾都可以有所体现，在保证软文整体合理的前提下，加入关键词。

2.找准关键词的设置技巧

在大数据时代下，大家在网上搜索的过程中或多或少地会留下搜索习惯的信息，企业可以根据数据的整理、分析得到客户的搜索习惯，根据用户的搜索习惯、浏览习惯、阅读习惯设置关键词，找准关键词的设置技巧，才能增强企业搜索引擎排名。

用户在搜索引擎中寻找相关信息时所使用的关键词形式是不同的，产品的不同注定了用户的搜索习惯也会存在一定的差别。因此，要学会分析用户的搜索习惯，优先选择符合大部分用户习惯的关键词形式。

互联网时代下，用户的浏览习惯和阅读习惯都会通过一定的数据得以展示。要学会根据眼球轨迹影响进行软文关键词设置，成功吸引用户眼光。根据用户阅读习惯，在海量的互联网信息中找到自己的搜索目标。

3.巧妙植入关键词

软文之所以备受推崇，与它的营销是密不可分的，在软文中巧妙植入关键词是软文营销的关键。关键词对软文的搜索引擎优化有着非常重要的价值。因此，一篇软文中要掌握关键词的密度、突出度、相关性和通用化，学会巧妙、自然地在文章中植入关键词，才能达到软文营销的最大效果，又不至于让大家反感。

　　搜索引擎中植入关键词要把握适量原则，不能过少，让读者找不到重点，也不可过多，可以适当重复关键词，更不要在同一行连续两次以上使用关键词，要关注关键词的突出度。关键词的植入关系着软文营销是否能够成功，也关系着是否能增强企业搜索引擎排名。因此，关键词要和主题有明显的相关性，还要尽量通用化，以免读者或者潜在消费者不了解，从而失去软文营销的目的价值。

　　增强企业搜索引擎排名，在某种程度上就是要学会使用关键词。只有真正将关键词完美地和软文营销结合在一起，才能将企业搜索引擎排名提前。关键词之于软文营销就像做菜和放盐的关系一样，没有放盐的菜肯定是平淡无味的。因此，软文要迎合搜索引擎，搜索引擎也要依靠关键词。

互联网让软文营销威力倍增

　　软文营销对企业来说，就是以强有力的带有针对性的心理攻击迅速实现产品的销售。互联网技术不断高速发展，受网络影响，如今的营销方式发生了极大的变化，软文营销的威力得以彰显。因此要适当运用互联网技术，让软文行销更加具有时代需求。

　　软文营销已经成为互联网时代营销方式的主体，运用互联网思维打造属于自己的网络营销方式才是王道。软文作为营销手段中一种有效的方法，是性价比颇高的一种方法，投资少、回报快，而且文字的指引力的确发挥了很大的作用。

　　软文体验通过文章的引导让大家对于某款产品有一个直接的印象，再通过一系列信息的推送让阅读群体产生兴趣，从而进行自发式搜索，从新闻、访谈到用户体验，如此摸索的过程必然是一个对于品牌认知的经历，若能将产品的卖点隐性地结合到文章中，虽不占据主要角色，但是总能给予阅读者一定的新鲜感，从而达到营销的目的，一举两得。

　　下面是一个经典的软文营销案例《APP软文推广案例：暑期兼职高峰到来，×××APP教你巧兼职》。

随着各大高校陆续迎来暑假，"暑期打工""暑假兼职""高薪招聘"等成为暑期大学生所关心的热门词，大学生打工兼职进入高峰期，但在高峰的背后却隐藏着一团迷雾。近年来，大学生兼职受骗的情况屡见不鲜，为此，兼职平台×××APP提醒大学生们，打工之前要具备足够的"避险意识"。

"90后"大学生易美珍在大学期间就发现了"大学生兼职难寻"的情况，为了解决这一难题，她在毕业以后特别创办研发了专属大学生使用的兼职平台×××APP，让企业和学生直接交流、联系，省去中间环节，实现企业学生直接对接，有效防范兼职陷阱。

同样是暑期兼职，湖南商学院的大三学生小悦在放假前三天已经确定好暑期的兼职工作，通过×××APP成功应聘到一家公司做产品促销员，"×××APP我很早就安装了，晚上躺在床上滑动下手指就能查看各种分类归档兼职信息，在上面还可以直接给企业留言或沟通交流，从面试到上岗只用了一个下午，经历了信息备案、岗前培训等过程，十分方便快捷。"小悦说，从×××APP上可以很方便地看到公司的营业执照，及其他方面的企业介绍，并且还有学生与企业的互评系统。面试结束后企业会对应聘者进行销售术语方面的培训，介绍公司产品、销售要求等，教授与顾客沟通的技巧，甚至还做了情景演练。培训合格后就可以正式上岗工作。小悦也表示："整个过程都没有收过押金或者保证金。"

据悉，×××APP研发之前便做了大量的市场调研，最终确定以"互联网+"的思维模式打造一个交流便捷、信息透明、资源共享、诚信安全的手机兼职平台，任何功能板块都是免费使用，更有发布信息以及抢单模式。据创始人易美珍介绍，×××APP研发的核心价值观是：化繁为简，信赖为本。只有简单、信赖才能支撑起企业与学生之间的兼职类正规服务，为企业、学生打造一个方便快捷的信息平台。

×××APP综合近几年兼职市场中多位大学生的兼职经历，为"暑期工"总结了几条防骗攻略。第一，面试时观察公司环境，查看营业执照等资质证明；第二，面对各种理由的收押金，一定要慎重；第三，去正规的平台寻找兼职机会等。此外，学生自己也需提高辨别能力，能够识别出诸如"变相传销""骗取中介费"等常见的兼职招聘骗局。

由以上案例大家可以看出，互联网技术的不断发展、智能化技术的不断普及让软文推广更具威力。以"互联网+"的思维模式为导向的手机兼职平台更加具有信服力。3G和4G以及Wi-Fi大面积覆盖使得移动互联网的发展具备了较好的条件和基础。互联网技术的不断提升，让软文营销更加贴合人们的生活，也更有力量。那么，在互联网技术不断发展的过程中，软文营销如何做才能更有威力呢？

首先，软文营销相比于硬广来说更加具有隐蔽性。在移动互联网的飞速发展下，信息爆炸的时代已到来，广告宣传的"伎俩"也越来越高超了。而对于广大网民来说，传统广告的推广方法已经让大家产生了"免疫力"，甚至还可能产生一种被忽悠的感觉，所以，企业想要通过传统的推广方法进行营销宣传已经不再具有吸引力。而软文营销恰恰与其相反。软文可以把硬广进行"软"化，让用户在浏览文章的同时接受广告信息，从而达到自然而然接受的效果。也可以说是软文把广告隐藏起来，让用户不至于对企业和商家的推广活动信息产生排斥，可以做到自然而然地接受广告信息，让用户自发地加以推广、分享，形成大范围的传播，更加具有威力。

其次，软文营销的传播范围更为广泛，受众更加精准。软文通常被刊登在有一定权威性的、报纸、杂志及其他各大门户网站上。由于这些地方都具有一定的品牌权威性，且受限制的条件比较少，在互联网时代下，几乎只要有移动智能设备，就能接触到。假如软文被其他企业、商家或者个人转载，传播范围就更为广泛了。最为关键的一点是，随着人们生活水平和文化程度的不断提高，一篇好的软文可以起到让用户自发地宣传、分享、转载，达到一传十、十传百的效果。用户就是因为有所需要才会搜索出软文，这样等于精确瞄准潜在客户群，因此受众群更为精准。

最后，在中小型企业不断增加的互联网时代，软文营销更加符合他们的资金条件，且形式也是多种多样的。在这里有一点需要补充一下，那就是软文必须投放到有信誉、有品牌的知名门户网站，通过其知名度带动软文的高转化率，让软文在搜索引擎中收录好，以促进二次传播甚至多次传播，这样就具有长期的推广效果了，且实现了低投入高回报的效果。

总而言之，在互联网时代下，软文营销是性价比更为合适的广告营销方式之一。硬广的优势已经逐渐衰退，软文营销正在发挥着其强大的威力并进行大刀阔斧的改革。未来，软文营销将会随着互联网和信息技术的发展，更广泛地扩展营销的发展空间，给企业和社会带来更多的正能量。

软文营销：小投入大回报

前文中提到过，软文是一种低投入、高收益的广告营销方式。软文营销以微小的投入博取较大的回报，以较高的性价比得到了很多企业的推崇。约有七成的企业通过软文进行营销获得了成功，这种符合现代企业低投入、高产出的方式受到了越来越多的企业的认可。企业都希望借以软文营销来增加企业网站的可信度、喜好度，从而既吸引新用户，又增强老用户黏性。

增强网站的可信度

销售成功的前提之一是信任。一篇软文要想真正获得成功，就必须得到读者的信任，高质量的软文有时候可以让读者在不知不觉间相信并接受推广者的产品，也可增强推送网站的可信度。读者能够阅读你的文章，就说明文章里有他所需要的东西，让他相信这不是广告，能够最大限度地接受文章包含的那部分内容和广告。这就做到了让读者不知不觉地按照软文推广者设计的思路走进软文中，成为网站的重点客户。

制作以及推广网站在当今社会并不是一件简单的事情，这需要网站推广者精心打造。要想增强网站的可信度，软文营销必不可少。很多网站或报纸媒体发表软文，是允许软文写作者附上网站链接的，这样做不仅能够更好地取得读者信任，使得软文营销效果最大化，还可以增强网站的可信度，显而易见是一件非常好的事情。

软文出现在营销中就是为了摆脱广告的影子，因而软文广告之"软"讲究的是其隐蔽性。用所谓的"绵里藏针"或者"含沙射影"去"润物细无声"地影响消费者的决策，最终取得消费者的信任，增强网站的可信度。这就是互联网的力量，也是软文的力量，更是互联网思维的力量。在互联网时代下，一定要想尽一切办法，把自己的产品、自己的品牌、自己的服务曝光于广大网友的计算机屏幕、手机屏幕等各种载体上，增强消费者对产品的认知以及信任度，以便更好地实现利润的最大化，增强企业效益。

那么，推广者如何利用软文增强网站的可信度呢？可以做到以下几点：

1.要对客户是有用的，能满足客户的需求

软文营销之所以在近几年受到大家的欢迎，很大一方面原因就是符合读者的要求和需求，真正做到了精准营销。打个简单的比方来说，如果潜在客户群是商界精英人士，那么产品软文推广就必须符合精英人士的需求和品位，这样才能真正让读者接受软文，从而产生兴趣。

2.软文内容一定要真实可信

尤其是餐饮行业的软文，没有人喜欢与事实描述不符的文章。软文的写作描述必须要与产品的实际效果相符合，尤其是随着人们经济条件的不断提高，人们对于食品安全问题更为重视，很多时候已经达到严苛的地步，因此，餐饮业软文的撰写必须要与实际情况相符合，切勿夸大其词。

3.广告植入必须做到"羚羊挂角，无迹可寻"

在当今社会，硬广的发展优势之所以渐渐衰退，不仅是因为其成本高，更大一部分原因就是广告植入太明显，让消费者容易产生反感心理。因而软文营销就必须要避免这种情况，要做到让读者自然而然地进入软文营造的环

境中，而不是生硬地植入。只有真正让读者从内心深处接受并由此对产品产生好奇心，才能增强网站的点击率，从而提高产品的可信度，这才是软文营销应该做的。

综上所述，要想增强网站的可信度，软文的写作必须符合上述几点要求，这样才能利用软文赢得读者的信任，从而增强网站的可信度。软文写作是一种提高网站可信度的有力工具，而软文营销的终极目标是建立完整、高质量的内容体系。那些与竞争对手的营销方式不同的、更有说服力的文章容易取得大家的信任，人们会认为这个网站更专业，这样会形成很好的口碑，从而吸引更多的人来访问，也增强了网站的可信度。

增加网民对网站的喜好度

上文中提到过，利用软文可以增强网站的可信度，那么随着可信度的不断增强，访客们可能开始把你视为某一领域的专家，随之而来就是如何在无形中提升网民对你的网站的喜好度。当然，假如是已经塑造的优秀品牌，那么软文的存在就是锦上添花。

在一项关于网站营销方法的研究中，54%的受访者认为，当网站发布内容跟与他们自身相关时，会增加他们对网站的喜好度。软文并非一味地推销品牌，而是重在提高品牌的知名度，因此要做到不着痕迹推销产品，"刷新"网民的喜好度。那么，具体如何通过软文来增加网民对网站的喜好度呢？

一方面，因为软文营销的宗旨是更深入地阐述网站的主题，因此要想增强网民对网站的喜好度，就要学会根据主题内容不断地完善，这样将更加容易满足客户各方面的需求。增强网民对网站的喜好度绝不是一朝一夕的事情，因此，软文必须要随着网站的主题变化而不断完善，迎合读者的口味，与时代贴近，只有这样才能更好地进行营销推广。

另一方面，软文的写作就要抓住目标用户的心理需求。网民需要什么，网站就做什么，这句话的意思就是说要根据产品特点和用户需求。将两者结合起来，使得软文符合读者需求，最终得到读者认可。

软文营销之所以如此备受推崇，很大一方面的原因就是软文做到了深谙客户心理的营销，弥补了硬性广告的缺点，切实地将广告隐藏于内容中，使用户更好地接纳广告信息，增强网民对网站的喜好度。

吸引新用户，增强老用户黏性

软文营销的关键作用就是保持和发展老顾客，这些客户会定期不定期地访问你的网站。纯粹、随机的网络流量并不能为你的网站带来实质性的影响，因为这些访客往往对你的网站充满了不信任，而成功的软文营销则可以帮你留住客户，让他们成为你的忠实粉丝，对于推广产品更加有利。并且，一篇好的文章会深深吸引新访客，让他们喜欢上你的网站。

软文营销的文字可以不够华丽，可以无须震撼，但是要推心置腹地和读者讲述，真正把读者当作朋友。大数据时代的到来使得人们的碎片时间得以充分利用，尤其是网络与自媒体在费用低廉、发布手段与流程简便的情况下，软文就更加受到关注，成为企业留住老客户、吸引新客户的主要方式之一。但是，要想真正地通过软文实现以上目标，在软文的推广中我们还应该注意以下几点：

1.要对产品、理念、价值观等因素进行深度挖掘

有时候，产品本身都是与客户相关联的。营销定位大师特劳特说过："消费者的心是营销的终极战场。"那么，软文要想吸引新客户、留住老客户的心，就必须要做到直击消费者的内心，对产品进入深入了解，才能写出打动人心的文章，才能得到读者的信任。

对于推广者来说，深入研究产品，将产品和客户的需求结合起来，是软文营销的重中之重。不管处于什么状况、什么行业、什么用户，受众一定是

对自身的喜好与利益有关的内容最感兴趣。因此，写作软文时要对产品、理念、价值观等因素进行深度挖掘，真正写出打动老客户，吸引新客户的文章。

2.软文的标题要做到新颖独特，话题最好与时事相结合

具有吸引力的标题是软文营销成功的基础条件。人对新鲜的东西都有一探究竟的欲望，新颖独特的标题能给大家带来更多的兴趣。像图8所示的这两个标题赋予文章一种诱惑力及神秘感。这样才能吸引新客户的兴趣，也为老客户的阅读增添一丝乐趣，使之对网站有所期待。当然，也不能变成"标题党"，给客户一种"货不对版"的感觉。

图8 新颖独特的软文标题

除了标题的设计之外，话题的选择也要注意与时事相结合，无论是政治、经济、新闻还是电影等影视娱乐方面的内容，都要与时俱进，利用话题吸引客户的注意力，给客户一种与时代相结合的感觉，从而吸引新客户的目光，留住老客户。

3.发挥品牌故事的感染力，幽默中又引人深思

喜欢听故事是人们的一种天性。家庭故事温暖人心，爱情故事传递浪漫，英雄故事激发斗志，品牌故事则可以凭借其独特的"软度"及对产品品牌的深度挖掘成就品牌营销，从而达到吸引客户兴趣的目的。很多时候，软

文并不需要华丽的辞藻来修饰，一个温暖人心的小故事也能让客户备受感动，从而记住产品，记住企业。

都说好的品牌必定有着传奇的故事，企业只要真正有着自己的文化发展源头，有着自己的文化发展道路，就能让客户放心。软文营销的终极目的就是为了产品的营销，具有亲和力的文字更容易让客户产生兴趣，同时也能达到吸引新客户、留住老客户的目的。

由以上可以看出，软文营销要想真正地吸引新客户、留住老客户还是需要下很大的功夫的。软文营销并不代表它就"软"，而是指其广告具有隐蔽性、设计的优越性，并且具有相当强的影响力、传播力和营销力，能够以较小的投入获取较大的回报，是一种具备"杀伤力"的秘密武器。

第二章

▶▶

常见的软文
营销分类

在互联网时代下，软文之所以越来越受到企业的青睐，一是因为受众对信息的敏感度越来越高，使得传统硬性广告的效果越来越差；二是因为硬性广告在效果下降的同时费用却在不断上涨，企业不得不尝试其他性价比更高的营销手段。由于软文在不影响用户体验的基础上还能够达到既定的广告效果，自然备受推崇。因此，了解常见的软文营销分类有助于企业更好地进行软文营销。

新闻类软文

新闻类软文是软文营销常见的分类之一，也是软文发展初期常用的手法，是一种最基本的软文形式。这种软文的形态主要以新闻报道为主，常见的媒体公关稿、新闻通稿或新闻公关稿即属于此范畴。当企业有重大事件、相关活动、新产品发布等动态时，都会通过新闻的形式进行预热或曝光。所谓的"事件新闻体"就是为宣传寻找一个理由，以新闻事件的手法去写，让读者感觉仿佛就是刚发生的事件。

以下是一篇经典的新闻类型软文，以当下备受关注的食品行业为背景，名叫《×××品牌猪肉京津受宠》。

"人家的产品真正能做到健康、安全，付出的成本肯定也会高，虽然价格比普通猪肉贵了些，我觉得可以接受。"在超市购买×××猪肉的王女士说。从3月下旬以来，随着瘦肉精事件受到社会各界的广泛关注，×××猪肉销量明显上升。据天津×××生态养殖有限公司北京办事处于军红介绍，×××高端猪肉京津两地的销量比去年同期翻了近两倍。此外，咨询代理销售的电话也越来越多。

……

通过了农业部绿色食品认证和有机食品认证的×××高端猪肉与普通猪肉有什么区别呢？笔者恰好遇到了在×××海淀区万柳社区"北极小屋"零售点购买猪肉的老客户李先生。

李先生介绍说，×××猪肉比市场上购买的普通猪肉口感好，特别是里脊肉，×××猪肉可以涮着吃，非常嫩。而市场上的普通里脊肉很容易老，嚼起来费劲儿。另外他觉得吸引他购买的原因是受妻子和女儿的影响，他们一家三口都喜欢烹饪。×××猪肉在添加辅料以前，在锅内煎炒时特别香。

……

笔者电话连线了×××生态养殖有限公司的董事长、美国动物营养学博士余先生，他介绍说，×××是目前市场上真正能做到在饲养全过程中，不添加抗生素、瘦肉精、香味剂、甜味剂、酸化剂、高铜、高锌、激素等非营养性添加剂的养殖模式，保证猪肉是品质健康、安全的品牌猪肉。由于目前的销售模式正处于会员制初期，每年的存栏量仅有5000头，如果会员制推进顺利，实现规模化养殖，这种高品质的猪肉有望走入普通百姓的生活。

由以上案例大家可以看出，这篇软文的营销推广内容极为明显，×××高端猪肉的内容丰富，广告嫌疑较重。但是它是以新闻报道形式来撰写的，让读者读起来并不那么反感，反倒很有兴趣。而且全文涉及消费者的亲身经历，引用了消费者的话，使得读者比较容易接受，也直接点出这个品牌的猪肉为什么那么贵。甚至最后借助专业人士的说法，介绍其养殖模式和销售模式，真正做到了不引起读者反感，又达到销售的目的。

新闻类软文在所有的软文类型中公信力最强，最容易取得消费者的信任。因此，越来越多的企业开始采用这种类型的软文进行营销。当然，新闻类的软文要想真正达到营销的效果，有很多地方需要格外注意，主要有以下几个方面（图9）。

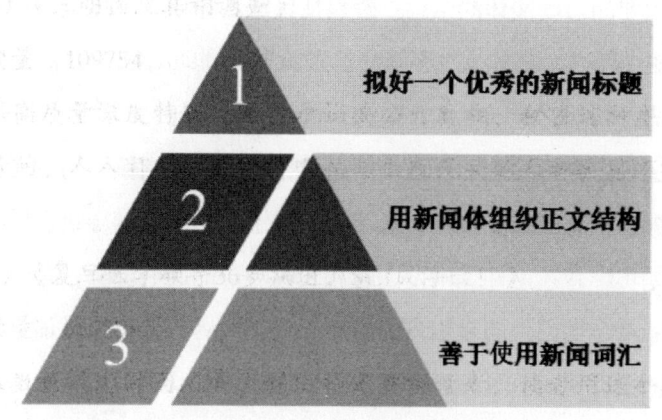

图9 新闻类软文写作注意事项

1.拟好一个优秀的新闻标题

上文提到过，标题是直接影响软文成败的重要前提之一。虽然我们做软文营销都有明确的营销目标，比如是宣传，或者是销售，但软文首先考虑的是读者的需求。因此，对于整篇软文来讲，标题是"脸面"，首先要吸引读者的目光，要有让读者有读下去的冲动。

比如《人类可以长生不老》《男人流行画眉毛》《老爸老妈"中毒"了》等就是优秀的软文标题，这些软文之所以能够风靡一时，甚至在发布后相当长的时间内还经常被人提起，就在于它们不但像新闻标题，甚至比当时的新闻标题更能吸引人的眼球。在2003年"非典"时期，《华商报》上曾经有一篇文章《一个被99%的人忽视的卫生习惯》引起了很多人的关注，当时各大媒体正在大篇幅地教育人们要勤洗手、科学洗手，这篇智能化便后清洗器（电器产品）"洗之朗"的新闻软文借媒体之势完成了市场教育和观念引导，标题的作用功不可没。

2.用新闻体组织正文结构

要知道既然是新闻类软文就一定要用新闻体结构组织正文，有了好的软文标题只算成功了一半，如果想让读者更多地吸纳软文的信息，软文的结构也是至关重要的。新闻体的结构一般包括标题、导语、主体、结语和背景五个部分，其中前三个部分是主要部分，后两个是辅助部分。

要知道，新闻之所以权威，很大一部分原因是与它的严谨性分不开的。标题一般还可以包括肩题、正题、副题；导语一般是指第一句或者第一段文字，用来提示消息的重要事实，使读者一目了然；主体随导语之后，是消息的主干，是集中叙述事件、阐发问题和表明观点的中心部分，是全篇新闻软文的关键所在；结语一般是消息的最后一句话或者一段话，是消息的结尾，依照内容的需要是可有可无的；背景是事物的历史状况或者存在的环境、条件，是消息的从属部分，常插在主体部分，也会插在导语或者结语之中。

3.善于使用新闻词汇

在新闻类的软文写作过程中务必要善于运用新闻常用的一些词汇，以达到增强正文"新闻性"的目的，那么，怎样才能运用好新闻词汇呢？我们从以下几方面进行简单分析。

首先是时间、地点词汇。如"今日""近日""昨日""正当××的时候"和"在我市""在某某商场""家住某某街的王××"等词汇，这些时间以及地点的概念可以引导读者产生与该时间、该地点的相关联想，加深印象，淡化广告色彩。

其次是新闻源词汇。比如"据调查""据了解""笔者了解到""在采访中了解到""笔者亲眼看到"等，这些词汇可以让读者感到信息的真实与有据可查。当然，信息本身必须是真实的。

最后是身份词汇。一般情况下大多数企业会在新闻软文的写作时用"××公司""××产品"等词汇，这样无法让读者在阅读的时候融入文章的角色中。如果用"笔者""我"等身份词汇就可能让读者感到自己与作者

"合二为一"，可能产生"第三只眼"看热闹的感觉。

　　除了以上这些，还要在新闻中巧妙地植入广告、遵循新闻的排版设计风格、必须要和新闻一起发布，千万不能放在广告板块等，这些都是在写新闻类软文的时候应该注意的一些问题。新闻类的软文不仅要突出其新闻的特征，更要不显山、不露水地将自己的产品推销出去，还不能引起读者反感。

故事类软文

软文营销中，企业惯用的一种类型就是故事类软文。此类软文是通过讲述一个完整的故事带出产品的各种信息，一步步带领读者进入软文，使得产品加重了"光环效应"，给读者造成强烈的心理暗示，从而促进营销的成功，这就是故事类软文营销的魅力。

故事类软文的写作中需要借助一段故事，产品信息要出现在故事的高潮处，使之成为故事必不可少的线索之一，从而强化营销效果。当然，这个故事可以感人，可以搞笑，可以夸张，但是绝不能平淡无奇，吸引不了读者的兴趣。因为讲故事不是目的，故事背后的产品信息是文章的关键。

以下是一篇口腔医院的医疗故事性软文，叫作《龅牙妹也会有春天》。

初中的时候就有很多人都说我的牙齿是龅牙。可我深信我的牙齿从小就很好，坚固亮白，吃吗吗香，人人都说这小孩牙齿真白。我自己也蛮喜欢的。可是越来越多的人都说我的牙齿是龅牙，尤其是笑起来的时候牙齿格外凸出，刚开始的时候我觉得一个女孩子有龅牙也没什么不好，只要坚持自己的梦想，努力拼搏，对自己充满自信和向往，有龅牙又怎样？和美好的人生比起来，龅牙算得了什么呢？更何况我又不是真正的龅牙，只是很类似嘛，"结婚狂"方小萍的龅牙不也很可爱吗？可是我的这种想法很快改变了。

那是刚上大学那会儿，正好赶上了"非典"，因为封校的原因，学生们每天在学校无所事事，所以给谈恋爱创造了客观条件，同寝室的姐妹们纷纷收到了情书，或是已经开始约会了，只有我一个人在那里发呆。我一直在想，我也算是美女啊，为什么就没有人追求我呢？我把这个疑问偷偷地和我最好的姐妹说了，她说："其实我也一直不好意思说，你怎么不去整整你的牙，你现在这样一个龅牙妹谁敢喜欢你？"我问她："龅牙怎么了？龅牙不可爱吗？"她回我一句"无可救药"就走了。

可我还是不太信服，我没有感觉龅牙有什么不好。于是我继续着无所事事的日子，一直混到了大四，我还是没有收到情书。看到姐妹们都有男朋友，每天最傻的就是我，一个人去上自习，第一个回到寝室，她们在讨论"恋爱经"时，也只有我搭不上话。我觉得我不能这样，如果没有收到情书，我就主动一点嘛，没什么大不了的。在一个夜黑风高的夜晚，我向一位我心仪已久的男生表达爱意，他是一个很腼腆的男生，听到我的表白后，他静静地说："其实你长得也挺漂亮的，但是就是千万别笑，一笑就吓死人，要不是你的龅牙，我早就追你了，所以……"

看来龅牙的确对我的影响很大，我真的要改变一下形象了，不然我不仅找不到男朋友，而且可能因为龅牙找不到工作。于是我来到学校附近一家叫×××口腔的专科医院咨询我的龅牙能否得到改变，对方给予了肯定的答复，可是我来得有些晚了，因为矫正牙齿的最佳年龄段是10至14岁，因为这个时期正是颌骨发育阶段，治疗效果迅速、理想，年龄越大治疗效果越差，治疗口腔畸形的关键在于早期发现和早期治疗。

在经过拔除多生牙和埋伏牙后，医生对我进行了畸牙矫正，然后又将矫正器戴在我的牙上。在经过一年多的治疗后我的龅牙完全不见了，我已经从一个龅牙妹变身为一个大美女，我现在在一家外企做人力资源方面的工作。告诉大家一个更有趣的事情，我和那个腼腆的男生在一家公司工作，并且成了情侣。正是因为我的牙齿得到有效的矫正，我这个龅牙妹才有了春天。

另外告诉大家一些有关牙齿矫正方面的知识，这是我在治疗过程中总结出来的。一般来说，年龄小、身体健康、口腔条件好的人治疗效果比较好。如果有严重的口腔疾病，治疗效果多半也不好。在条件允许的情况下，儿童应每年做一次口腔检查。矫正是在保持原有牙齿形态不变的前提下对牙齿进行重新排列，恢复口腔功能与正常形态的过程，而不是单纯为了美观，实质是口腔骨骼的生物学改建过程，这个过程一般需要两年左右的时间。目前矫正器的技术种类还是不少的，有活动矫正器技术、方丝弓技术、TN技术、亚历山大技术等，现在还出现了一种更先进的MBT矫治技术。

故事性的软文有着更大的发挥空间以及可读性，上述这个案例从标题上就特别能吸引"×××口腔"的目标客户——龅牙患者的眼球。首先标题直指目标客户，文章脉络清晰，一笔带过软文主题，加深相关专业知识，使得这篇软文具有一定的含金量；其次软文主题广告植入得非常自然，通过故事带出软文主题，然后又一笔带过这个口腔诊所；最后简单介绍了一些专业知识，加强了文章的专业性，让人更加信服。

听故事是人类最古老的获取知识的一种方式，故事的知识性、趣味性、合理性是软文成功的关键。在讲故事的同时，我们要在文章中自然而然地将产品的基本信息或者使用方法讲述给消费者。对于故事，软文的讲述应该尽量使其具有知识性、趣味性，并且符合客观现实。不合理的故事无法说服读者。如何写出使读者更加信服的故事类软文呢？要做到以下两个方面。

一方面，故事类的软文要演绎一种产品的观念，传递产品价值，承载企业文化。故事类软文在写作中一般都需要有一种产品的价值让读者认同。好的故事是能够引起读者共鸣的，软文故事一定要有深度、有故事，真正能通过这个故事引起大家的共鸣，从而引出产品的信息，达到营销目的。

另一方面，故事类的软文在写作上切勿过于华丽，脱离现实，故事的发展要有情节。故事总是由情节来支撑的，有开头、高潮、结尾，并且要设计合理，注意铺垫。在写作软文之前要充分考虑这些因素，根据现实生活来为软文搭建一个框架，以便消费者能真正认识产品。这才是这个软文最终的目的。

故事类软文是经常会被企业或者商家采用的一种方法，但是，随着时代的不断进步，大家对其要求也越来越高。因此，故事类软文需要好的软文推广者来谨慎对待，既不可过于重视情节、忽视目的，也不可过多地植入广告，引起听众反感，只有谨慎使用软文的语言，故事情节的叙述才能令读者满意。这才是好的故事类软文。

促销类软文

促销类软文，就是通过利用攀比心理、影响力效应等因素来激发潜在消费者的购买欲望。对比是人们的天性，无论是价格还是质量，人们在购买一种东西时都会不自觉地进行对比，寻找性价比最高的产品，这就是促销手段在当今盛行的原因，也是促销类软文在营销市场占据一席之地的原因。

我们平时无论是在现实生活中，还是在互联网上，都会遇到这样的信息：比如"特价只有今天一天""只要99元"等，这些都属于促销类信息。这样的软文配合企业促销使用，给读者造成一种供不应求的心理，使得读者在攀比力和影响力等多种因素的作用下产生消费行为，提高市场的销售率。以下是一篇经典的促销类软文，叫作《能吃到鱼翅的巴西烤肉店》。

巴西烤肉店有两种：一种是不能吃到鱼翅的巴西烤肉店，一种是能吃到鱼翅的巴西烤肉店。前者很多，后者却很少，少到只有一家，这家就是位于济南西部×××国际酒店一楼的巴西烤肉店。尽管两者的价格差不多，但在这里，你可以吃到正宗的石锅鱼翅。

能吃到鱼翅的巴西烤肉店，不近，在济南段店附近。许多食客来后的第一件事，是先吃一碗正宗的石锅鱼翅再说。解馋也好，体验也罢，反正在那里吃饭太划算了。你不好意思吃，没有关系，人家会主动把石锅鱼翅送上门来。

餐饮界的好多老板和行家都来吃过，自助餐能吃到鱼翅，这让他们感觉很新鲜，品尝过后他们对这里的鱼翅赞不绝口。

济南的许多名人都来这里吃过，不为占便宜，就为来感受一下这家店的氛围。

许多恋爱中的俊男靓女也来了，他们感觉到这来吃，划算、上档次，感觉爽爽的。

在这家店里，烤牛肉、烤牛排、烤牛舌、烤培根、烤五花肉等肉类菜品，应有尽有。

孔府煎包，一种看上去就很诱人的包子，简直是太好吃了！我们一桌几个有点贪吃的人聚在了一起，竟然在取菜的过程中不谋而合地将人家刚刚端上来的一笼包子"一锅端"，全都给"承包"下来了，气得排在后面的其他桌的食客干瞪眼。

至于水果和日式鱼生等更是各取所需，每个人都吃得饱饱的，心里畅快极了。

甜点是一定要吃的，虽然俺是个身高一米八的山东大汉，但提拉米苏和品种繁多的精美蛋糕却一直都是俺的最爱，这里的甜点做工讲究、口感细腻，奶香味十足，轻轻咬上一口，甜在嘴里也甜在心里。这东西吃多了其实是很容易上瘾的，要不是考虑到保持体型的重要性，俺一定会多吃的。

价格也不贵，和普通巴西烤肉的价格差不多，但能吃到鱼翅和孔府煎包的地方，感受就是不一样。虽说这里离市里的路程稍微远了一些，但不堵车，时间上差不多，再加上"内容"的丰富多彩，感觉还是蛮划算的。

没说的，下次俺请客或家人请客就来这里，俺还要来！

由以上案例大家可以看出，促销类软文是一场性价比对的"战争"。哪家的性价比较高，哪家的商家就会得到消费者的青睐。人们都想以最优惠的价格买到最合适的商品。而案例中的巴西烤肉店显然就是抓住消费者这一心理，真正将这家烤肉店有重点、有对比的优势凸显出来，甚至将鱼翅作为亮点写进标题中去，增强了文章的可读性，读者能够最直接地获取最需要的信息。那么，如何才能通过促销类软文达到营销效果呢？要做到以下几点。

1.标题要做到将促销力度放大

尽量凸显出优惠金额和幅度。促销，就是得让消费者真正看到优惠的力度，才能吸引他们的兴趣，达到销售的目的。而标题作为读者阅读文章的第一印象，如果标题能够看到优惠幅度，那就能吸引读者的注意力。

2.文章中要突出主打的商品和品牌款式

做到以极高的性价比再次刺激消费者。之前说过，人们购买任何东西都会进行对比，最终选择一个性价比较高的商品。假如面前出现的商品能够以极低的价格和极高的折扣拿到，那么相信没有一个消费者能够抵抗住这种诱惑。

3.尽量不要在促销的额度前面加上限制

这种情况其实经常出现在我们平时的生活中，虽然有一点隐瞒的嫌疑，但不得不说这是一个好的促销手段。因此，在写这类软文的时候，尽量不要在促销额度前面加上限制，比如"满59赠送""购物满666减100"等，可以在促销信息的最后做个简短说明，这样才能更好地吸引读者的兴趣。

4.务必重视诚信问题

宣传的促销额度一定要兑现，不要以"商品销售"等理由为借口不兑现承诺，不然会出现公关危机。任何行业都是有制度监管的，促销类软文的写作必须以事实为依据，不能空口说白话，否则，不仅仅是欺骗消费者，更会受到法律的严惩。

促销类软文只要做到以上几点，就能吸引读者注意力。能否真正达到营销的目的还需要看推广者如何针对产品进行"包装"，真正将读者带入营销的过程中去，达到最终目的。

悬念类软文

　　悬念式软文也叫作设问式软文，其核心就是提出一个问题，然后围绕这个问题进行自问自答。通过设问引起话题和关注是其优势。人的猎奇心理是很难满足的，很多人都希望窥探一下别人的隐私或者别人不知道的事情。这类文章就是先设定一个文章主题，以深入分析的方式自问自答，从而达到做好产品的宣传。

　　悬念式软文在提出问题时要掌握好"火候"，要确保提出的问题能够吸引读者注意力；同时，回答要符合常识，切勿与现实脱离，要能够自圆其说，避免漏洞百出的情况出现，夸大其词或者与事实不符都可能适得其反，引起读者反感。下面是一篇经典的悬念类软文，题目叫作《新兴行业，高中生抢大学生饭碗？》。

　　"现在大学毕业生太多了，一个职位好几十人竞争，就连高中生也跟我们抢饭碗！工作太难找了！"日前，笔者走访江西某大型人才招聘会现场，听到应届毕业生如此抱怨。

　　高中生抢大学生饭碗？虽听起来让人费解，但这一现象不仅存在，且并非个例。由上海一家知名广告公司提供的数据显示，其公司内部95%的员工未经大学教育，但公司却成为阿里巴巴在上海的顶级代理商。公司人力资源部经理也表示，学历不是第一位，很多高中生比大学生更有能力。

到底高中生有什么能力，能够与大学生同台竞技？笔者走访了杭州×××图文有限公司，其人力资源总监林女士就此事谈及自己的看法："我们公司有二十多家直营店，人员需求量非常大，但高校却没有对口专业的人才，而一些经过专项培训的高中生对行业了解更清楚、技能也非常熟练。我们需要上岗就能上手的人才，因此对新兴行业了解的高中生，我们非常欢迎。"

IT技术已广泛运用于各行各业，从业人员也分为从事IT主体职业、IT应用职业、IT相关职业及IT周边行业几类，覆盖范围之广，可谓包罗万象。由IT技术发展延伸出许多新兴行业，例如电子商务、网络游戏、电脑设计等，这些行业带动了巨大的人才需求。IT行业日新月异，技术更新迅速，而通过高校四年周期的培养机制培养出的人才到毕业时，所学技术就已经过时。从杭州×××图文公司林总监口中我们得知，图文行业中的中高级人才90%以上都是从公司内部培养的。来自安徽××电脑专修学院的学子王敏，就是其中一员。

新兴行业的飞速发展，相对应的是对口人才的缺乏。在省城南昌，一些有实力的专业教育机构已充分发挥自身的灵活特点，针对新兴行业专项培养紧缺人才。据××电脑专修学院就业指导中心乐主任介绍：××一直与新兴行业保持紧密联系，时刻洞悉行业发展、了解新兴市场趋势，并紧抓前沿技术、及时更新课程体系。在充分了解企业需求上，××按照企业中岗位职责要求设置课程，确保学生学到最新的专业技能。

目前，许多错过大学教育的学子们通过这种方式实现"弯道超越"，以最快的速度获得新兴行业的专业技能，并在校企合作的方式下，获得进入新兴行业的首选权。在大批毕业生奔向求职路时，掌握新兴行业专业技能的高中生"抢"大学生饭碗也就不足为奇了。

以上案例是一个教育行业的悬念式软文营销案例。通过提出疑问的方式让读者了解设问问题的主题，然后用新闻报道的方式把内容诠释出来，吸引读者的注意力，使得大家带着问题来阅读软文，从中寻找答案，同时达到了营销的目的。这就是悬念式软文的最大优势，从不知不觉到后知后觉。那么，悬念式软文营销都应该注意哪些问题呢？

1.悬念式软文要吸引读者就要有所保留，不要过早说明结局

其实，悬念式软文的最大特点就是让一些神秘的东西悬而未决，一旦没有了悬念，肯定不能持续吸引读者的关注，起不到吸引人的作用。

2.务必充分考虑重视读者的感受，并根据其期待发展情节

营销的成功与紧密结合消费者的心理需求是密不可分的。重视个人的主观意志，喜欢发表自己的见解，习惯快速浏览信息，重视感官体验等，都是时下多数人认同的生活和思维方式。

3.学会设置情节，不断深化冲突，将最精彩的东西留到最后

软文营销中，带给消费者新奇的感受是促使营销成功的关键部分。因此，悬念式软文更是如此，只有不断将冲突深化，吸引读者兴趣，才能更好地将他们一步一步地带进软文营销之中，达到营销的目的。

当然，悬念式软文要想达到营销目的不仅需要达到以上几点，还要能够在标题的设问下自圆其说，不脱离实际，切勿虎头蛇尾，对悬念不做解答。因此，悬念式软文在书写时必须要掌握火候，提出的问题要有吸引力，不能作茧自缚、漏洞百出，争取把读者一步一步地带进营销情境中，达成销售目的。

逆向思维类软文

逆向思维类软文通常是指跳出正向的思维逻辑，从反面出发命名标题，但能够达到正向思维式标题的影响力。很多时候，一篇软文只有达到吸引人的效果，才能将消费者一步一步地带进营销的"陷阱"中去。逆向思维类软文正是抓住了这一点，将消费者的兴趣点吸引过来，将营销引入大家的视线中去。

对于不合常理的东西，人们都有一种"打破砂锅问到底"的决心。不合常理的标题，往往会吸引更多人的眼球。因此，逆向思维类软文成为软文营销中点击量颇高的一种，受到很多企业的重视。下面是一篇典型的逆向思维类软文，标题是《××之星：秋季挥汗如雨未必有益健康》。

又到了秋高气爽的时节，户外运动成了人们的最爱，选择秋季户外锻炼似乎成了一种时尚。尤其是对于希望通过运动减肥的朋友，大都认为汗水就意味着燃烧脂肪，挥汗如雨才能达成瘦身目标。

然而事实未必如此。据××之星健康俱乐部营养专家介绍，秋季挥汗如雨未必有益身体健康。理由主要有如下三个方面：

第一，大量出汗有可能影响身体健康。出汗多少是因人而异的，汗液取决于汗腺的分泌，而汗腺的数量个体差异很大。此外，出汗多少还取决于体液含量，体液多的人运动时出汗就会多。一般来讲，胖人的体液比瘦人要少，尽管运动时胖人出汗多，但耐受水分丢失的能力却比较差。因此，如果以同样的出汗标准衡量胖人和瘦人的运动量，胖人明显要吃亏。

一味地追求挥汗如雨，大量出汗会使胖人的体液减少更多，如果不及时补液，可导致血容量下降、心率加快、排汗率下降、散热能力下降、体温升高、机体电解质紊乱和酸碱平衡紊乱等现象，严重者会引起脱水，而脱水会导致机体的一些主要器官的生理功能受到影响，如心脏负担加重、肾脏受损等。

第二，大量出汗会流失营养。汗液中含有一定的血液成分，出汗时部分水分蒸发了，而固体物质如蛋白质、氨基酸等则留在皮肤表面，经皮肤表面微生物的作用，可产生一些具有汗酸味的物质。汗液中除了一些代谢废物外，还有许多对机体有用的物质，如矿物质、蛋白质、氨基酸、维生素等。随着汗液的流失，这些营养物质也随之丢失了。

如果钠、钾等电解质的大量丢失可导致神经肌肉系统障碍，引起肌肉无力、肌肉痉挛等症状。著名营养学专家国敏元教授早在1993年就提出"全营养减肥理论"，认为肥胖不是因为营养过剩，而是由营养不均衡导致的。根据全营养减肥理论，如果为了减肥而挥汗如雨，往往欲速则不达。

第三，秋季温差大，容易着凉受寒。挥汗如雨的时候，人体的毛孔张开，因为秋季天气凉，刚刚经历过盛夏的人体还没有完全适应过来，一旦运动结束休息的时候，寒气很容易通过张开的毛孔侵入人体。轻则会察觉身体有僵硬感，重则感到腰酸背痛、手脚麻木。所以，无论是胖人还是瘦人，秋季里挥汗如雨，身体受凉的机会远远大于其他季节。

其实，一个运动状态能否实现减脂与出汗量多少关系并不大。××之星健康俱乐部CEO王先生分析认为，出汗无非能够证明两点，一是散热，另外就是代谢。但是代谢掉的大部分是水分，补充完水分之后体重就会立刻恢复过来。因此，挥汗如雨也不一定能达到最好的减肥效果。比如参加1500米中长跑，你的心率可能会非常快，而且实现了挥汗如雨的目标，但更多的可能是让你感到呼吸困难，其实得到锻炼的主要是心肺功能，对减肥并不一定有效果。

以上案例以一种反向思维来思考问题，达到了出人意料的结果。大家的认知里都是挥汗如雨代表着积极运动，有利于身体健康，可是这篇文章却反其道而行，通过"挥汗如雨未必健康"来吸引大家的注意力，然后再逐渐地将消费者带入软文之中，去里面寻找问题的答案，从而达到营销的目的。

逆向思维也就是求异思维，要敢于反其道而行之，让思维向着对立面的方向发展，也就是从问题的相反面深入地进行探索，树立新思想，创立新形象。在写作的过程中，推广者要格外注意一些方法，以免影响营销。

一方面，逆向思维软文是根据司空见惯的、似乎已经成为定论的事情或者观点进行反向思考，而不是对没有科学依据或者没有常识的定论进行反向思考，那样是没有多少消费者感兴趣的。毕竟，如果正向思考大家都不知道这个结论，那反向思考就没有什么意义了，说不定还会造成驴唇不对马嘴的感觉，影响营销效果。

另一方面，逆向思维软文一定要有科学依据，而不是胡编乱造，没有任何说服力。逆向思维的软文写作方式在一定程度上是从固有的信息中推翻一部分，引申出新的思想，但是这个新的思想并不是胡乱编造的，它的存在必须有事实作为依据、可让人信服。不然就会给消费者带来不好的体验，甚至影响企业形象。

逆向思维软文就是在进行一场具有话题性和争议性的写作，通过这些话题和争议引起大家的兴趣，从而参与到讨论中去，再进入营销中去。因此，逆向思维软文的写作必须遵循以上几点，才能真正达到营销的目的。

情感类软文

情感一直是营销中的一个重要媒介因素，也是软文的重要素材之一。情感类软文由于信息传达量大，且针对性强，更能引起消费者心灵的共鸣，因此，传达情感也就成了软文最打动人的重要特色，也使得软文更加容易走进消费者的内心，成为软文营销中屡试不爽的灵丹妙药。

从企业的角度来说，将情感诉求导入软文中，也是符合中国国情的明智之举。抓住情感诉求，导入软文，让情感诉求成为广告信息的重要组成部分，可以帮助企业建立更好的企业形象，表现出企业对于消费者的人文关怀，最终达成营销的目的。

对于消费者来说，他们要的不仅仅是消费，更在意的是消费体验，甚至是产品的情感和价值，因此，情感类软文营销成为众多企业的制胜法宝。下面是一篇经典情感类软文，标题叫作《从业二十年，愧疚二十年》。

我及我的一大家子在石家庄一些知名的装饰公司混迹多年，这些年来，自己所做的都是如何多从业主那挖一点利润，为公司多创一点效益，再从公司那分得一点点蝇头小利。每次费尽口舌，挖空心思让业主付出高于实际造价百分之四五十的费用而完成一项装修工程后，心中都会有一种非常愧疚的感觉。从业二十年来，这种感觉随着时间的推移，也在一点点地加深、加重。每次见到过去的业主，脸上虽然笑容依旧，但我的内心总是不安的。他还觉得我为他家的装修付出了多少辛勤的劳动，为了让他省钱花了很多脑筋而因此感激我。

终于，我弟弟最先忍受不住，率先离开了装修公司，于今年四月在南宁首先推出网络装修，以同样的材料、同样的工艺、同样的质量和同样的服务态度，以及低于公司百分之三四十的价格，服务于南宁的新老客户。为了消除业主的顾虑，他奉行的是先装修后付款的原则。即每完成一项工程，让业主验收合格后再支付工程款，让业主在没有任何后顾之忧的情况下享受在其他公司都无法享受到的服务。网络装修推出短短的几个月以来，已得到了广大业主的大力支持和热情拥护。这就真正让他实现了凭良心做事，凭良心挣钱的愿望。再也不用做那种昧着良心说瞎话的事，让自己的心灵得到些许的安慰。

多年的摸爬滚打使我们在业界有了良好的名声。您若不想在装修方面花冤枉钱，何不试着与我们谈谈？绝对会让您有意想不到的收获。因装修所涉及的方面太多，在帖子上不可能详尽地一一解说，所以大家如有任何有关装修的问题，可登录我们的网站www.×××.cn或咨询我们的客服热线6×××××××，我们非常乐意为您做出解答，任何咨询均是免费的。

在后面我将用图文结合的方式详细介绍针对不同案例的省钱方略，并将持续更新，以供大家参考。

看完这篇文章大家可能感觉得出来，这是一篇感情质朴的软文。没有用过多的语言，也没有用华丽的辞藻，只是用真实的经历、朴实的语言、真诚的情感在娓娓道来，说出网络装修更省钱这件事，将消费者引入其中，促成销售。

这篇软文紧紧抓住消费者的需求，以消费者的观点来讲述装修，为广大消费者提供建议，做到了换位思考，让消费者在不知不觉中走进了推广者设定的营销方案之中，自然巧妙地植入广告。那么，如何在软文中巧妙地融入情感，达到营销目的呢？

一方面，情感类软文写作时，推广者要对产品、理念、价值观等因素进入深度地分析和挖掘。产品的营销和产品本身是密不可分的，是可以直接与情感因素相关联的。比如××鹿龟酒，针对的消费群体就是父辈，因此也可以称为"父亲的补酒"，这就实现了情感的对接，比较容易获得消费者的认同。

另一方面，情感类软文在写作时必须瞄准目标消费者，根据情感因素定位潜在客户群。情感类软文中的情感是和目标消费者的需求挂钩的，是与他们的价值观相符合的，这样才能真正打动消费者的心，采取有针对性的营销策略。

情感类软文之所以如此受到企业的偏爱，更多的是因为它符合中国人普遍的心理需求和情感诉求，只要动了感情就容易引起共鸣和心灵的触动。因此，用动真情这种方法去创作软文，使消费者甚至于推广者本人都受到情绪的感染，就会促使软文背后营销目标的达成。

创意类软文

创意类软文是软文营销中的一个关键部分。创意是软文写作的灵魂，是一篇软文要想真正吸引读者的关键。随着软文营销的流行，创意成为很多企业进行软文营销的切入点，可借力发挥新的营销技巧，带来销售额的急剧增长。创意类软文可以给广告带来意想不到的收获，可以说是能达到"一份投入，十分收获"的效果。

创意营销在当今社会正在成为热门话题，对于营销人员来说，继续平淡无味的传统营销方式相当于自掘坟墓，推陈出新是新的时代要求。软文营销在当代社会要求越来越高，继续采用固有方式无法实现营销的目的，因此创意类软文营销成为时代的要求。下面是一篇经典的创意型软文营销文章，标题叫《我爱你，只是隔了两个旺旺的距离》。

有没有那么一首歌，你唱着唱着就哭了。

有没有那么一个人，你想着想着就忘了。

有没有那么一段记忆，我们尝试了很久，终究还是无法假装很轻易。我爱你，原来终究抵不过一个淘宝，两个旺旺的距离。

——题记

2009年的冬天，当青岛落下第一场雪的时候，我蜗居在家里，窗外的雪花如同一片一片记忆，那么脆弱无力。音乐频道传来何洁的《你一定要幸福》，我听着听着就哭了，那些我们一直以为的爱情，不是天长地久才感人，不是我爱你才会生死不渝，无论如何抵不过一句"在一起"。

2009年最冷的日子里，我没有工作、没有爱情、没有目标，整个一"三无"人员，陷入了我人生最低迷的一段时间。死党打来电话问："最近好吗？天气预报说你那里下雪了。"看着熟悉的号码，突然觉得原来自己离开了那么久。当死党最后说，记得好好照顾自己，生日快乐。我所有假装的坚强都在挂机的那一刻，变成大颗大颗的眼泪。

这是我宅在家里的第17天，我以为全世界都快要忘记我的时候，居然还有人记得我的生日。我决定好好地给自己一个幻想：没有了王子，我依然是骄傲的公主。登录上常去的淘宝小店，我搜索着可以用来纪念自己最孤单生日的蛋糕。一页一页地翻着，如同翻着自己的记忆。

同城，一个小时内送到。这是淘宝上的承诺。

30分钟后响起了敲门声，宅居的日子里我熟悉这种敲门声，外卖、快递、收电费或者查煤气。门口居然站着一个帅气的快递员，他说："你好！麻烦你签收一下。"

我疑惑地看着这个满脸涨红的快递员，笑着说："你都没有问过我的名字，也不怕送错人？"

"哦，不好意思。"我接过快递单，看着自己的名字，突然觉得好陌生，因为很久没有在纸上写过自己的名字。我接过蛋糕，还有一个其他的礼物盒。我以为是蛋糕店免费赠送的生日礼物，也没有在意。

打开才发现并不是我预订的那个蛋糕。我发现事情有点不妙，撕开礼物盒，又发现里面只是一盘磁带。我登上淘宝店看看掌柜是不是有促销活动，结果大失所望，然后打电话给死党，她也不明所以。

就在这时，旺旺突然嘀嘀响起，我连忙打开，只有简单的一句话："小姐，来一份爱情，三分熟，五分辣，打包，爱情街51号。"宅在家里的日子，逛淘宝小店、吃爆米花、看盘，成了我生活的主题，看着这个古怪的访客，我不知道怎么回答。

然后又是嘀嘀的声音："蛋糕收到了吗？"

我不敢回答。然后手机响起，陌生的号码。"如果不是你留在淘宝店上的电话，我以为这辈子再也不会见到你，离开了那么久才知道，原来我们只隔了一层楼，两个旺旺的距离。"我听着陌生而又熟悉的声音，心里突然莫名的悸动，顾斯年，那个我曾经挚爱的人，被我亲口拒绝的人，突然在他离开两年后的今天打通了我的电话，在我生日的当天，说着"原来离开之后才知道，没有人可以代替你，你无可复制"。

我点着蜡烛，一根根的吹灭，然后眼泪吧嗒吧嗒地落下，我以为两年的摸爬滚打让我变得刀枪不入，可是这个冬天，我一个人唱着生日歌的时候突然掉泪了，那个男子再次闯入了我的生活。自己切着蛋糕，然后一点一点地吃着，突然咬到一个硬硬的东西，我吐出来放在纸巾上，慢慢地擦拭，看到一枚精致的戒指。

这时手机响起，顾斯年笑着说："小司，麻烦开一下门。"

拉开门，当我亲眼看见顾斯年站在我面前的时候，我吓了一跳。

我一直不敢相信，刚刚还在旺旺上聊天的人突然就面对面了。这个城市好小，我们转了那么久还是在同一座城市，只是各自过着自己的生活，有了一帮新的朋友。直到顾斯年从背后拿出一束花，我还是愣愣地站在门后。

原来这些年，我们逗留过同一个小店，在陌生的店铺下留言，偶尔用站内信沟通，而我永远不知道我们离的只是两个旺旺的距离。顾斯年一直在身边，一直都在，从未离开过。

我记得我曾经问过顾斯年一句话："如果有一天我丢了，你会不会满世界地找我？"原来我一直没有走出顾斯年的视野，隔的只是一个旺旺的距离和一个恰好的时间。

我一直都记得，弱水三千，我只取一瓢饮。这一秒，爱上，然后在一起。

这是一篇经典的情感型创意软文营销文章，在当时的软文营销界中造成了极大的轰动。它十分巧妙地将淘宝和阿里旺旺植入了爱情故事，通过这个创意性爱情故事的表达成功地打动了读者，让读者不由自主地将自己带入这个爱情故事里。创意性软文的写作在一定程度上可以以真情感动读者，达到销售的目的。那么，如何将创意带入软文撰写中呢？

1.历史文化不可丢

对于大型企业来说，都会有自己特有的企业文化或者产品历史，这个强大的文化底蕴是创意类软文的一个素材。对于消费者来说，历史越悠久的东西越受欢迎。因此，现在很多大型企业的软文营销中都会介绍自己悠久的文化历史，从而取得消费者的信任，美化企业形象，让品牌深入人心。

2.情感故事不可少

其实与之前简单介绍的故事型软文一样，在创意类软文中讲述故事是一个重要的方法。就像上文中的案例那样，巧妙地将淘宝和旺旺结合起来，融入爱情故事，又将自己的产品植入爱情故事，使产品形象深入人心。

3.靠数据说话

一个产品要想真正地得到大家的认同，就需要将这类产品的数据加工整理、分析，形成一篇展现给用户的图文并茂的文章，从而合理地进行宣传。这种方法往往需要企业将创意性和专业性结合起来，给用户以一定的可信度，才能使其有着较强的传播力。

4.凸显自己的产品优势

在软文的撰写中，营销广告要做到不显山不露水地进行销售。软文营销的最大特点就是"润物细无声"，要想真正将产品进行软文推广，就要做"不是广告的广告"。因此，将矛盾指向对手，凸显自己的产品优势不得不说是创意营销重要方法之一。

一个软文可以没有故事、没有历史、没有促销等，但是绝对不能没有创意。软文营销的本质就是广告，就是销售。只有真正吸引消费者的目光，将消费者带入其中，才能更好地进行营销。创意型营销就是这样，软文的精髓在于创意。在这个脑洞大开的世界，只有将创意真正融入软文之中，才能更好地达到营销目的。

第三章

▶▶

搞定软文营销的
"六脉神剑"

软文营销作为一种具有极高技巧性的广告营销方式，很多时候能够在不知不觉中将消费者引入其中，达到宣传目的。当然，从本质上说，软文营销是一种软性渗透的商业策略，主要借助文字表达和舆论传播促使潜在消费者认同某种概念、观点和思想，从而达到宣传企业的品牌、推广和销售产品的目的。因此，搞定软文营销成为当代企业营销方法的重中之重。

抓住近期发生的
热点事件

随着互联网的飞速发展，传播的有效周期越来越短，如果一个新事物不能吸引大家的关注，将会很快被新的消息所覆盖。软文也是如此，老生常谈、淡而无味的文章一般不会受到太多的关注度，也达不到营销的目的。而热点事件一般作为最新发生的事情，是人们比较喜欢看到的，因此，需要抓住一些近期发生的热点事件来打造软文，从而取得大家的关注。

热点事件对于大众有着较强的吸引力，在软文的写作中可以搭乘这趟顺风车，将软文巧妙地融入热门事件中，从而进行品牌的宣传，提升关注度。企业要想真正通过软文达到营销的目的，就必须结合自身产品在销售或者传播上展开一系列的活动。当然，热点事件作为营销的主要条件，需要有明确的目的性，要明确通过什么样的新闻可以让新闻的接受者帮助自己达到目的，简单来说就是学会"借东风"。

热门话题作为现在各大企业最常见的一种推广方式，不仅利用活动来吸引人们参与讨论，有时候还会利用明星的光环来增加粉丝的围观，吸引人们的注意力，推广效果自然较为明显。比如在2016年5月25日凌晨，著名作家、文学翻译家和外国文学研究专家、钱钟书的夫人杨绛先生去世，由此引发大家不胜唏嘘，很多书店抓住这个机会推出杨绛先生的一系列自传书籍以及翻译书籍，以此来追忆她，从而引发了购书的一个小高潮。

下面来看一下在2016年母亲节之际，××移动和××资讯是如何进行宣传营销的。

1. ××移动：给妈妈打个电话

"最亲近的事物总是容易被忽略，现在闭上眼睛，你能清晰地描绘出妈妈的样子吗？"

三大运营商母亲节营销案例之争，××移动无疑在众多案例中拔得头筹，唯美温情的手绘画风加上字字动人的感人场景，不要让"不打扰"成为她最后爱你的方式，终于引爆泪点。轻柔的《味道》作为背景音乐，让人看过此广告后实在忍不住立即打个电话给妈妈。

2. ××资讯：大声说出你的爱

你记得妈妈的生日吗？你对妈妈说过我爱你吗？你是否记得妈妈做的最好吃的菜？等你有了钱你要带妈妈去哪里看看？今天，你有什么话想对妈妈说？

在母亲节的各种营销之下，对于温情牌或多或少地会产生的一些抵抗力，但是还是没能禁得住××资讯《大声说出你的爱》的追问。纯音乐的旋律加上极具生活感的设计，让人不由得触动内心最真实的感情，联想起自己的妈妈。

由以上两个软文可以看出，商家的营销方案必须与当下热点事件相结合，可以是新闻，可以是大家都在关注的节日，甚至可以是电影等影视业新闻，这些都是能够博得大家关注的新闻，可以有效地吸引大家的注意力，从而达到宣传、推广、营销的目的。因此，抓住近期发生的热点事件可以更好地进行软文营销。那么，在热点事件的软文撰写中，应该注意什么问题呢？

　　首先，明确软文营销目的，注重热点事件的时效性。一般来说，撰写软文与近期热点事件相结合是为了达到营销的目的，且要绵里藏针似的进行宣传包装。但是，切不可过度关注热点事件，过于渲染热点事件或者不将产品与事件相结合，容易忘记写作软文的初衷。

　　最为关键的一点是，热点事件一般具有时效性。互联网时代下，信息的更新换代大大加快，热点事件层出不穷，且传播速度极快。所以，在撰写此类软文的时候必须强调时效性，比如在促销某种产品的软文中可以规定"在母亲节当天才能享受五折优惠，过期不候"。尽管这种促销手段看上去会让商家血本无归，但实际上这一促销手段会给商家带来急剧上升的人气和潜在消费群体，等到把目标客户吸引过来之后，营销目的即将达成。

　　其次，营销方式要多种多样，打造软文"套装"。一说到营销，大家印象中的方法无非也就是现场秀，买什么赠什么，几件享多少折扣、积分、抽奖等。在具体的软文营销中一般也是这几个方法，但是软文营销之所以在近几年大量兴起，越来越受到各行各业的重视，就是因为软文在细节上蕴含着无限的创意空间。比如说，一家饮料厂的节日促销活动"新年赢大奖，谢谢也有礼"，进行了促销形式组合，不仅设有各大奖项，洗衣机、微波炉、果汁机、保温杯等奖品，还设有规则，凭借五个"谢谢"可换饮料两瓶装，于是吸引了大家的注意力，达到了营销的目的。

　　当然，软文营销中，软文不可能只有一篇文章，一般需要2至5篇文章联合进行。一般是先用3篇文章进行预热炒作，并提前两周投放在互联网上，一篇是促销通稿，一篇是促销亮点解析，最后一篇是促销后的总结文章，以便达到营销目的。

　　最后，软文营销中要想吸引大家的注意力，让消费者将目光投到产品上，就需要抓住近期的热点事件来进行营销宣传。通过策划、组织和利用热点事件吸引消费者的兴趣和关注，以求提高企业和产品的知名度、美誉度，树立良好的品牌形象，最终达到销售目的。

掌握软文标题的
写作技巧

之前我们提到，要想让自己的软文获得较高的关注度，必须要让标题达到吸引大家注意力的目的，也就是学会做一个"标题党"。互联网时代下的"标题党"是利用各种颇具创意的标题来达到吸引网友关注的，以达到自己的目的。软文之中的"标题党"，要求标题必须要和软文内容相关，切勿文不对题。

在企业的软文营销中，做一个好的"标题党"是软文营销的第一步。互联网时代下的信息数量处于爆炸状态，人们在网上浏览信息的耐心十分有限，如果标题不能吸引人们的注意力，那么即使软文写得再好，也会大大降低传播效率，甚至有可能让一篇好的软文淹没在信息交换更替的浪潮中，下面是一些有亮点的软文标题，供大家学习。

（1）《卫计委引爆重磅炸弹：护士即将进入"规培时代"》

阅读量　1158931

（2）《听哭了！医护版〈南山南〉感动无数医护》

阅读量　526830

使用能够让读者脑中浮现画面的词汇，如"引爆重磅炸弹""听哭了"等，能让读者眼前自然浮现相应的场景，增加标题的可读性、趣味性和代入感。

（3）《三明医改真相调查》

阅读量 109754

提供高质量深度特别报道，承诺要公开真相，秘密这种事是最容易让人好奇的，人人都有好奇心，哪怕与医改无关的人都会忍不住点开看一眼。

（4）《复旦医学硕导36岁病逝，SCI成浮云！》

阅读量 660399

加入数据或者时间元素，锁定特定类型读者，读者用这个数据和自己的数据进行对比，马上可以判断这篇文章是不是值得一读。

（5）《加床加到医生办公室，最大医院医生叫苦不迭！》

阅读量 257734

讲故事，描述一段过程，引发读者的好奇。一个个鲜活的故事不仅诠释了文章的核心内容，还有利于读者的记忆、联想，从而令读者难忘。

（6）《护士们终于要涨工资了！》

阅读量 411391

给读者好消息，好消息能给读者带来好的心情，好心情又会变成一种点赞和转发朋友圈的动力。

（7）《骨科医生从来不做这9个动作》

阅读量 266448

勾起读者的好奇心，好奇心是人类美好的天性，如果标题能为读者的好奇心打开一个缺口，他们点击链接后一定会耐心地读完整篇文章。

以上标题是医疗行业的一些经典软文营销文章的标题，不可否认的是，这些文章取得较高的点击量与其较吸引人的标题有着很大的关系。当然，值得注意的是，企业在知道标题的重要性之后不能天马行空地想一些乱七八糟的标题，而要想方设法让那些没有看到软文标题的用户搜索到标题。推广者要想撰写出一篇成功的软文，就要掌握软文标题的写作技巧，尤其要注意以下几个方面：

1.标题形式要新颖突出

软文标题在写作时要做到形式新颖，尽量使用问句，引起消费者的阅读兴趣。比如"你想在网站上一个小时赚50元吗"，这样的标题会对存在着相关疑问的读者产生巨大的吸引力。当然，软文标题也要尽量具体详细，尤其是对潜在消费群体，越具体越可靠，销售率也会大大提高。标题的新颖从一方面来说也要求利益明显化，只有大家了解这个产品能够带来什么好处，才能引起购买的欲望，从而达到销售的目的。

2.要学会使用亮眼词汇吸引大家注意力

一个有着亮眼词汇的标题能够在最短时间内吸引读者。在报界有着这样一个说法，那就是"三步五秒"。其实意思很简单，就是读者在报刊、报亭买报纸的时候，在考虑选择哪一种报纸的时候，考虑时间一般在走到报刊销售点的三步和五秒之内，因此，撰写软文标题时必须学会使用亮眼词汇，才能达到营销目的。

3.要学会站在客户的角度拟定标题

在拟定软文标题的时候，务必站在客户的角度去考虑，毕竟客户才是软文的最终受众。要学会考虑客户最可能采用什么样的搜索语句来寻找问题的答案，只有这样才能增加文章点击量。

4.学会巧用谐音

在软文标题的写作技巧上，很重要的一点就是在切合事实的基础上，巧妙地利用语音相同或相近而语义相反或相异的词语，使标题形成一种鲜明的对比，从而赋予标题以深刻的内涵。比如"不要把集体婚礼变成集体分礼"等。而在标题的设计上，推广者也可以展示一种趋势，表现一种对比、选择的形式，从而把消费者在不知不觉中带入软文，达到营销的目的。

撰写优秀软文的重要环节就是掌握软文标题的写作技巧，标题的优劣决定着软文能否成功引起受众的点击量。只有进一步提升标题的可读性和吸引力，适应互联网读者的阅读需求，才能真正达到营销的目的。因此，要想使软文达到预期的目的，必须掌握软文标题的写作技巧。

软文之所以能够以一篇文章就可以达到营销的作用，并与硬广的效果相媲美，甚至让效果超过几百万元甚至上千万元的硬广宣传，这与内容是密不可分的。软文只有内容有料，才能吸引消费者的注意力，才能达到营销的目的。所谓内容有料，就是在一定程度上要保证软文的原创性。

软文之所以能受到企业的重视，吸引消费者的关注，是因为软文有其精髓，能够准确地表达自己的思想。软文内容有料才能吸引大家的眼球，受到大家的关注和喜欢。因此，要想通过软文为企业树立形象，就必须保证软文的原创性。这样才能吸引大家的关注，增加文章转载的机会，在一定程度上增加企业网站的点击量。

下面是×××的一篇营销软文，题目是《怕上火，喝正宗凉茶！》。

在广东，凉茶基本上是人们生活的必需品，因为广东地处岭南，天气炎热，多雨地湿，自古多有瘴气。因此民间流行以药性寒凉，消暑解热的中草药，熬水来喝。夏天和寒冬是最容易上火的季节，夏天偏热多湿的气候容易使人肠胃失调，再加上有的人嗜食辛辣、味重等食物，难免会不同程度地出现上火、口舌生疮、咽喉肿痛、食欲不佳等症状；冬季干燥，再加上人们又喜欢吃火锅，所以正宗的凉茶——×××成了人们首选的凉茶。

据有关医药专家介绍，凉茶凉而不寒，清热而不伤脾胃，没有肝肾毒性，四季皆宜，无病时可防病，有病时能治病，"秋冬防秋燥、春夏祛暑湿"。

生活习惯往往是根深蒂固的，然而在夏季、冬季饮料市场上，健康的消费观念已经悄然地改变了人们的一些生活习惯，越来越多原本喜欢普通饮料的消费者开始将目光转向健康饮品。对于人们在生活方式上的这种变化，现在很多聚餐和去餐馆吃饭的人首选的饮料是果汁和凉茶，从事餐饮业的李老板可谓是一位见证者。李老板告诉记者，过去顾客来餐馆就餐，一般都会点碳酸饮料，"现在不同了，大家首选的饮料是凉茶和果汁"。李老板指着吧台后的饮料柜给记者看，加多宝凉茶这样的健康饮品占据了"半壁江山"，而以前都是碳酸饮料的天下。

消费者的健康需求已经成为消费市场的大趋势。而在竞争白热化的饮料市场上，以预防上火为健康诉求的×××凉茶成了消费者的"宠儿"，在夏季、冬季饮料市场上独领风骚。

近几年，各大超市的销售数据显示，红色罐装×××在夏、冬两季销售屡新创高。在炎热的夏天，街上越来越多的人拿着×××喝；在干燥的冬天，无论是在火锅店还是在写字楼里，越来越多的人都手持一罐×××，就连健身房里也有不少人预先准备了几罐×××。记者在某社区看到，×××推广活动聚集了大量的人气，很多居民表示他们都是×××的消费者。

×××出品的正宗凉茶依据传统配方，采用上等本草材料配制，秉承传统的蒸煮工艺，经由现代科技提取本草精华、悉心调配而成；其内含菊花、甘草、仙草、金银花等具有预防上火作用的本草植物。现代科学研究表明：×××出品的正宗凉茶能预防上火，有益身体健康。×××出品的正宗凉茶因其预防上火的作用和天然健康的特点越来越受到消费者的青睐。

当您尽情享受川湘菜、火锅、烧烤、薯条、汉堡等美食或者尽情熬夜K歌、上网、看球以及加班熬夜时，×××凉茶是您不可或缺的健康饮品。

就是这篇短短的、不足千字的软文在当年掀起了一阵营销之风，帮助×××创造了营销神话，至今还被各大企业争相效仿。这篇软文真正做到了短小精悍、言简意赅。一篇优质的软文是有灵魂的，可以将读者带入其中，赢得一大批潜在的消费者。软文有料才能获得成功，才能使得软文具有较强的可读性、影响力和流传性。那么，如何才能写出内容有料的软文呢？

1.腹有诗书气自华，多看多学多练习

"熟读唐诗三百首，不会作诗也会吟"，要想写出优秀的软文，必须要夯实基础，提高习作能力，为撰写软文提高基本的素材和最初的灵感。因此，只有经过不断的积累和锻炼，不断学习，多看书多练习，才能在不断的写作中找到灵感，从而提高写作技巧和思维能力，写出精彩的软文。

2.充分考虑软文受众者的想法，学会换位思考

软文营销，内容为王。要想真正写出有料的文章，就必须考虑软文受众者的想法，学会换位思考。高质量的软文不仅要做到"没人时吸引人"，还要站在消费者的角度去考虑应该如何撰写这个软文，避免使用消费者不懂的语言。只有学会换位思考，才能撰写出符合消费者心意的软文，使软文受到更多人的喜爱。

3.软文内容要有理有据，论述解析原汁原味

软文内容有料的意思就是要保证自己写出来的东西有着自己的特色和说服力，能够有理有据地打动别人，论述解析原汁原味的创作，才能在信息爆

炸的互联网时代吸引大家的眼球。

4.软文内容务必原创,避免伪原创

伪原创就是"换汤不换药",标题做一些改动,内容打乱一下,产品更换一下,就是一篇新的文章,借助软文进行营销的企业需要避免这种情况。伪原创虽然能够在一定程度上对于营销产生影响,但是只有软文具备原创性,对优秀的文章取精华、弃糟粕,才能成为一篇优秀的软文。

优秀的软文能传达出一种感觉、一种概念、一种深度,能抓住消费者的心理需求,使软文真正写进消费者的心中。简单一句话,要想软文真正成为营销的法宝,软文必须有料。

掌握植入软广的
合适时机

在软文的写作中，推广者的目的都较为明确，那就是传递产品的信息，达到销售的目的，这也是所有营销活动的共同目的。软文的本质就是广告，因此，如何巧妙地在软文中传达产品的信息，掌握植入软文的合适时机，是决定一篇软文质量能否过关、营销是否到位的重要因素之一。

在如今这个广告泛滥的互联网时代，各种广告信息层出不穷，极易引起人们的反感。一眼就能够被人看出是广告的软文不是一篇好软文。一篇好的软文应该达到润物细无声的效果，潜移默化地影响着读者。写作者掌握植入软文的合适时机，真正做到营销却又不让读者反感，然后形成一种口碑、一种品牌的效应。

一般来说，软文植入分为直接植入和间接植入。直接植入较为简单，就是直接对推广的产品或者企业进行描述和评论，不需要隐藏广告。这类软文适合出现在新闻报道、个人专访、媒体评论中，隐藏反而会有反作用。间接植入的类型呈现出多种多样的表现形式。一般可以采用举例子、借用第三者身份等方法来进行产品信息的宣传，但是这些都必须确保其真实性的。间接植入也可以以关键词、故事、版权信息的形式呈现产品的信息，达到营销的目的。

据悉，×××学名智能化便后清洗器，是一种安装在马桶上用于便后清洗的家用电器。×××最早源于日本，目前在日本家庭的普及率已高达90%。这种电器能够在人们方便之后，通过按键实现温水冲洗下身，它代替了传统的纸擦方式，更卫生、更科学。

记者采访了家住紫薇花园的牛先生。谈到使用体会时，他说："起初孩子说日本人都使用这个产品，要往家里的马桶上安装×××。我曾坚决反对，总以为不习惯。但几天下来对使用后的效果不得不折服。我有痔疮，而且家中还有高龄老人，我们对×××的使用体验都感到满意！"

某商场导购向记者说："×××上市之初，只有一些经常出国的人一看就知道×××是什么，而且购买时也毫不犹豫，因为他们在国外时就普遍使用便后清洗器，对这类产品的使用效果有切身体会。"导购还告诉记者："目前购买×××的人，不仅有前卫的时尚人士，还有普通市民，大家已经认识到了×××对生活的重要性。"

据商场负责人讲，×××上柜以来很受顾客喜欢，总是能吸引好多客人，这是我们上柜当初没有预料到的，而且销量也在迅速上升。这个产品前景非常不错，将来肯定会成为家用电器的消费热点。某建材、洁具销售商也对记者说："销售×××，我并没有要求一开始就能卖多少台。我做代理销售十几年了，对一个产品的市场前景非常重视，×××虽然是个新产品，但将来肯定会是家喻户晓、家庭必备的电器。×××在3至5年内肯定会迅速普及，成为城市家庭的必需品。"

记者在家居超市采访的短短几十分钟里，看到×××竟然卖出了五台，消费者对这个刚上市的新产品为什么如此青睐？

在××商城一次购买了两台×××的王女士对记者说："我在日本留学时一直用这类产品，已经习惯了便后水洗，洗比擦不但干净卫生，而且舒服方便，是女性预防病菌感染的好产品。"王女士的先生抢着说："她一听说×××在西安上市就嚷嚷着买，顺便也给老人买一台。反正也不贵，才一两千块钱，比国外便宜好多。"

据调查，在1995年至1998年间，一台进口的同类产品在北京和上海的售价一般在一万五千元左右，国产的也要卖六千元上下，虽然有过漫长的市场培育期，但其昂贵的价格让普通老百姓望而却步，能够购买者也多为当时的有钱人。当然，人们对卫生习惯与身体健康没有足够的认识也是推广的另一障碍。现如今，最早卖五六千元的产品目前也仅卖到不足三千元。记者发现，×××产品售价最低的一款机型仅售980元，这能不让市民动心吗？

×××生产厂家的营销副总肖军告诉记者："我们很重视市场需求，虽然目前我们的工作重点是生产研发，但是我们对×××的市场前景非常看好，我们将凭借科学有效的营销手段、精工的日本技术、优势的价格推广市场，我们的定位就是以高品质产品设计满足广大消费者的潜在需求。"

截至记者发稿前了解，×××安装预约已经排满三个工作日，热销局面还在不断升温。

以上案例是一篇典型的新闻类的直接植入软文，但是却丝毫没有引起大家的反感，它直接对推广的产品以及企业进行描述和评论，向大家介绍产品，这种直接植入的方法反而使得大家对这个产品的印象较好，且采用了较多事实进行说明，更容易引起大家的注意。因此，只有真正掌握植入软文的合适时机，才能更好地进行软文营销。那么，究竟如何更为自然地植入软文呢？

1.产品功能务必形象化，增强消费者对产品的理解

产品功能要形象化是软文写作的核心。有些软文在写作中过于强调"绵

里藏针",反而使得产品的功能不为人知,更不要说说服消费者进行消费了。要想掌握植入软文的合适时机,产品功能必须形象化,赋予产品形象化的描述,才能把消费者在不知不觉中带入软文,产生互动。

2.产品信息要自然流出,且不可引起消费者反感

大家都知道,直接植入性的软文就是直接说明产品,达到广告的目的,但是间接性植入性软文必要注意产品信息的流出方式,要掌握插入软文的合适时机,切不可过于直白,引起消费者反感。产品的自然流出需要在文章的开头、中间、结尾自然地插入广告,最好使用关键词加深读者印象。这种方法虽然不会太多地融入产品信息,但是可以达到耳熟能详的目的,加深消费者对于产品的记忆力。

当然,文章在开头插入产品时不可直接插入,最好通过一个话题将消费者带入其中,这样才不至于引起读者反感;而中间插入产品信息就较为简单了,只需按照软文撰写技巧,巧妙地将产品信息与软文相结合;最后在文章的结尾处,要适当地再次说明产品,但是不可过多,可一笔带过,达到加深印象即可。

3.产品介绍务必通俗易懂,尽量避免使用专业术语

软文之所以能达到较强的营销目的,关键在于其受众群体较为广泛,受众范围比较广。所以,一篇好的软文必须要简单明了、通俗易懂,要考虑大多数消费者的理解力。当然,一篇优秀的软文也不是必须使用华丽的辞藻来进行产品描述,软文毕竟面向的是大众消费群体,行文最好结合消费者的习惯,尽量生活化,这样才能使植入软文的信息更容易让消费者所接受,达到销售目的。

掌握植入软文的合适时机,说到底就是产品信息的宣传要做到不引起读者的反感,且能达到营销目的。软文之所以能够得到企业的重视,是因为它抓住了消费者的心理需求,真正将营销做到了消费者的关注点上。

巧妙给软文配图

　　软文营销作为一种新兴的文字营销手段，在很多时候，往往被推广者忽略了图片的作用。虽然软文营销是以文字为主，但是要想真正达到营销的目的，还必须结合图片营销，给消费者以视觉的感受，达到营销目的的最大化。因此，巧妙给软文配图也成为软文营销的"六脉神剑"之一。

　　有调查表明，当今社会中有一半以上的信息都是通过图像获取的。图片可以给人带来感性、直观性、具体性等不同感受，还可以将文字的深义感性化和直观化，为阅读增加意趣和快感。因此，在软文营销中，要将抽象的文字和直观的图片相互结合，巧妙地给软文配图，使得消费者的阅读体验更为丰富，达到销售的目的。

　　软文营销要想达到预想的目的，就要做到图文并茂，也就是根据软文内容的不同，使软文精美的文字配以精美的图片，帮助读者更好地理解文章，简明扼要地提升软文的视觉冲击。因此，给软文配图成为推广者撰写软文的重要部分。

你是什么的人，你眼里便看到了什么。懂得欣赏风景的人，那么他的世界是彩色的。下雨天难免会影响我们的心情。今天您会觉得天气不好破坏了和心爱的人在一起的气氛吗？在高胜美《千年等一回》中"雨心碎，空流泪；梦缠绵，情悠远；西湖的水，我的泪"，那千年等一回的期盼，不就是西湖在等待××公馆（图10）的陪伴吗？

图10　××公馆精致的设计与西湖美景融于一体

听说下雨天，我与西湖公馆更配哦！

今天的雨似春雨般绵绵细细，湖边的一株株垂柳，婀娜多姿，仿佛在迎接每一位从远方而来的客人。

来到了××公馆，怎么能不和他的"邻居"（图11、图12）打招呼呢？整个空气弥漫着雨后的芳香。

在西湖的眼里，××公馆可是给她带来了生机与活力，就算下雨天，也挡不住人们对她的爱。尽情享受雨中西湖漫步的那份自由和浪漫。

撑着伞，听着舒缓的音乐，把自己揉进西湖的美景里，那份感觉如此美好。这里有这太多的回忆、太多的温馨和浪漫。

你心里想的什么，便是你要追求的！但是对于追求浪漫回忆那些逝

图11　××公馆的周边景色

图12　陆羽雕像

去的年华，这些年经历的点点滴滴，带着这份情怀去品味，我想××公馆是您值得拥有的家。

　　××公馆不只有西湖，还有我们的家。

　　那么，家是什么？家是宁静的，家是温暖的，家是甜蜜的，家也是安定的。它可能不华丽，但一定要雅致。我们说，一样的西湖，不一样的别致生活，不就是说××公馆吗？

别致在哪里？

（1）在家居，先进的安保科技（图13），全方位控制，用心追求高品质的生活细节，享受公馆生活的尊荣呵护。

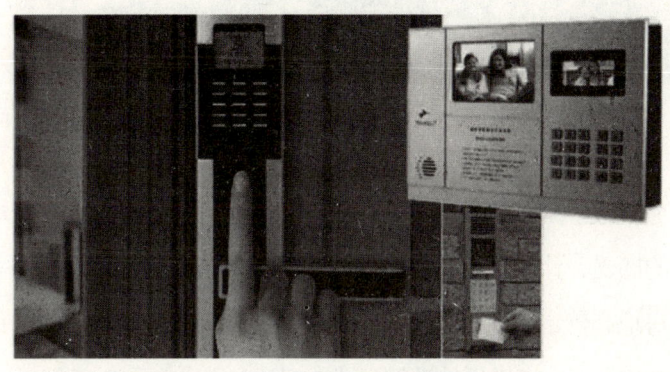

图13 ××公馆的先进的安保科技

（2）在学区，孩子不仅需要一个家，更希望能在更蓝的天空上飞翔。

它是一处高质量的人文宅邸，是龙凤腾飞的摇篮，是真正的书香湖景，是真正的不动产。

（3）在情怀，"520"，我只想和你拥有一个家，愿和你白头到老。

最浪漫的事情就是和你一起慢慢变老，很温暖、很感人。是的，没有强壮的体魄怎能保护她，怎么能在晚年守护在她的身边呢？××公馆打造独有的健身中心（图14），在锻炼身体的同时，达到心灵的塑造，让窗外的美景和家庭的幸福一直延续下去。

××公馆与鲜氧零度接触，充分拥抱自然，居住其中品享四季中流淌的全方位体验——西湖水与景完美融合之境。××公馆倾力打造了集休闲、居住、养生一步到位的艺术人生。一次选择，终生无悔！

图14　××公馆的健身中心

由以上案例大家可以看出，软文要想达到营销的效果，可以借助图片给人以视觉的感受，让消费者真正看到点东西，而不是凭着一腔热血去想象。尤其对于房地产营销来说，必须要有图片给消费者以视觉的感受。那么，如何根据软文的不同内容来巧妙设计配图内容呢？

一方面，要学会巧妙使用各种图片、图表和绘图软件。互联网时代的到来使得网上信息量越来越多，文章的类型也是各种各样，但是唯一不变的就是大部分的文章都是要搭配着各式各样的照片，以达到吸引读者的目的。而绘图就较为简单了，就是为了详细地向读者做进一步讲解，使文章的中心思想表达得更加明确，也更加有理有据。但是，绘图的内容必须根据软文的内容和整体的美观度而定。最后，软文中图表的插入就较为简单了，一般图表插入都是有一定事实依据的，能使读者一目了然，达到一定的视觉效果。软文的写作中要根据不同类型的软文配备不同的图，切不可胡乱配图。

另一方面，在软文的撰写中，图片要占据合适比重，且要注意图片比例。一般来说，一篇软文图片最好以3至5张为佳，不可因图忘文，顾此失彼。最为关键的是，图片在软文中的分辨率不要小于72像素，尺寸要合适，这样可以达到最合适的网页浏览速度。要想巧妙地给软文配图，达到软文营销的最大效果，就要注意图片的比重以及比例。

巧妙地给软文配图能够给读者以强烈的视觉盛宴。只有真正地将图片与软文相结合,才能使得消费者更加了解产品的信息,达到营销目的。因此,软文中图片要巧妙地融合在其中,做到既不影响文字的叙述,又能给消费者以视觉的盛宴,争取达到销售利益的最大化。

大家都知道，在任何与文字有关的行为中，版权问题至关重要，软文写作也不例外。软文撰写中，原创性是其基本要求。对于软文营销来说，法律风险都应该重点关注，并坚决规避。因此，在软文的撰写中有一个必须要注意的问题，就是在投稿相关行业网站后必须要保留版权，以便维护自己的合法权益。

在软文的撰写中，一旦保留版权就可对侵犯自己版权的行为追究法律责任，以维护自己的合法权益。因此，在软文的撰写中一定要坚持原创，如果有所引用要注明出处，并且在投稿相关行业网站后保留版权。只有这样，才能维护自己的合法权益。

下面是一个典型的著作权被侵犯的案例，也被称为"河南博客著作权第一案"。

被网友称作"小紫"的曹晓丽是新浪网的签约情感写手。2008年，她在新浪以"夏季紫罗兰"的网名开博以来，点击量已达到4500多万。

曹晓丽说，她根据一位女网友的倾诉写了一篇情感博文，没想到被变身为减肥广告软文发在了《知音》上，而且文中的三位主人公的名字都没有更改。这个减肥广告软文发出后，曹晓丽不仅受到倾诉女网友的谴责，还遭到不知情的网友也对她的"另眼相看"。为了维护自己的名誉，她将《知音》和广告商及郑州一家书店告上了法庭。

　　由这个案例大家可以看出，版权的作用是非常重要的。只有在投稿相关网站之后保留版权，才能在著作权受到侵犯时运用法律武器维护自己的合法权益。因此，推广者在进行相关方面的软文创作之后务必要保留相关版权。

　　在软文的撰写中，大家对于版权的问题都应该高度重视。在当下社会，大批专业的网络营销公司的迅速崛起使得软文推广走向专业化、正规化、精准化，推动了软文市场进一步纵向发展。但是，市场发展的良莠不齐也导致了版权问题经常出现问题。保护自己的权益，保留版权是每一个推广者必须要做到的，这样，才能真正地让软文达到营销目的，才能真正将自己的产品宣传出去。

　　软文保留版权不仅是在保护自己的合法权益，还在一定程度上对于产品的宣传有着至关重要的作用。只有保留版权，才能在各大网站转载时标明所有权。软文在被转载的过程中就是一次新的营销，标明了所有权才能让消费者意识到产品的真正所有者，不然就会得不偿失，软文也就没有了营销的意义。

第四章

▶▶

标题，吸引用户的
第一关键要素

在前文中我们提到过，标题是吸引用户的第一关键因素。无论哪种软文体裁，在阅读的时候读者看到的第一眼就是标题。一般来说，好的标题可以使得文章的阅读率高达50%至90%，因此，标题的好坏决定了读者是否愿意阅读一篇软文。

设置悬念，开篇
引起读者兴趣

　　在软文撰写的过程中，适当设置悬念，可以吸引读者的兴趣，引发读者思考，使得读者根据作者的思路进行阅读、思考。人天生有着好奇的心理，在标题上设置悬念可以在很大程度上吸引读者，使得他们有一种想要在文章中找到答案的心理，就达到了营销的目的。

　　在软文标题的构思中，设置悬念、开篇吸引读者兴趣是一个关键部分，但是，标题的悬念设置必须具有一定的可读性，而不是文不对题。无论是标题没有和文章一致还是文章内容太过空洞，都会给读者带来一种失望的感觉。人的猎奇心是很难满足的，因此，在标题上不能说明，而是要设置悬念，往往会带来很高的点击量。

　　其实，在标题上设置悬念，已经成为很多软文撰写者采用的办法。当然，这种标题的设置也是比较受大家欢迎的。有一些综艺节目总是通过一些悬念式标题引得观众去关注标题后面所诠释的内容。如"鹿晗退出跑男录制？""《一年级》大危机，小花老师去哪儿了？""袁弘张歆艺昨日大婚，最引人注目的不是胡歌，竟然是他！"等就是悬念式标题。

　　当然，值得软文撰写者注意的是，悬念式标题在撰写过程中务必注意提前将答案设置好，最好是根据答案再来设置悬念式标题，毕竟在软文的撰写中，诚信才是第一位的，不能给读者答案的文章在根本上不能赢得他们的信任。因此，要选择有答案的标题来撰写，否则只会成为恶意炒作。

所以，在标题的写作时，推广者要时刻谨记，软文的最终目的是为了营销，是要达到销售的目的，标题也是如此。如果仅仅是为了达到吸引大家的眼球，而忽视了软文的最终目的，那是得不偿失的行为。在软文撰写时一定要注意标题的逻辑性，切忌为了标题而忘记软文营销的目的和忽略软文的质量。

励志标题，引发
读者共鸣

在当今社会，正能量的话题一直受到大家的广泛的关注。很多时候，励志标题更能引发读者的共鸣。企业营销能否成功，在很大程度上，标题占有重要的因素，人们天生有着喜欢积极、正能量事物的心态，没有一个人渴望失败。因此，在软文的撰写中要选择正能量的标题，能从内心深处引起读者的共鸣。

励志标题在很多时候能够起到激励人心的作用。大家都喜欢一些积极、阳光的文章。用正面的口吻来积极称赞产品的效果，易使人产生良好的印象。因此，在软文的撰写中，给文章起一个励志型的标题更能吸引读者的兴趣，引起大家的共鸣。下面是一篇励志型软文《不在乎你相不相信，只在乎你感不感动！》。

在创业大潮里，你会经常听到各种感人至深的故事，在此分享一个真实的故事，不在乎你相不相信，只在乎你感不感动！

我妈妈是一个普通妇女，没有文化，家是农村的，跑到城里，认识了来自外地的老爸，老爸是个退伍的步兵，两人结婚也没买房子，共同经营一家儿童用品店，我们就住在儿童用品店的仓库里，一年都见不到阳光！

有我的时候，一家三口就挤在不到10平方米的小屋里……

我老妈一开始做×××生意的时候就是总往家里拿回了点产品，都不到1000块钱，也没像外面所说的"拼命拉人头、拼命往家里塞产品"，就是把家里的洗漱用品换了，给我姥爷和姥姥的也给换了，加起来也就几百块钱，不过用了好长时间才换新的。

我老爸还是那个态度，老妈有了工作就恨不得她早点往家里交钱，整天催她快去学习。我老妈真是挺辛苦的，白天要去培训学习，晚上回来还要陪我写作业。

可是，一年多以后，我老妈发生了翻天覆地的变化，比如以前早上睡到八九点才起，经常饿着我和老爸的肚子，但现在，早上不到六点她就起来学习，到了饭点就喊我们起来吃饭；以前人一多老妈就不敢说话，一说话就紧张，一紧张家乡话全出来了，有浓浓的地方口音，但现在，老妈敢在几百人面前发言，而且外人绝对看不出她是一个没文化的女人。

……

我们班是子弟班，专家的侄子、市长的孙女、银行行长的儿子都在这里，数我最平庸。但现在，我可以很自豪地说：我妈妈是做×××生意的！班里顿时鸦雀无声，很多老师都不知道，×××是什么大买卖。用老妈的话来说："你没听过，那就是赚钱的买卖，你不知道，并不代表它不存在，那是趋势！"

……

我有一个做×××生意的老妈，她通过自己的努力找到了自身的位置，从一个家庭主妇到受人爱戴的魅力女人，从没有文化的人到心智成熟的女人，虽然我们家没有变得很富有，但老妈已经改变了她的观念，改变了我们的生活方式，她教会了我如何正确做人：做事要主动争取，胆子要走在能力前面！

看懂了吗，朋友们？×××不是简单地卖产品，它在不断地创造一个又一个奇迹，打造一个又一个想改变的人！你还在犹豫什么呢？

由以上案例大家可以看出，励志型软文在很多时候都能给读者以心灵的共鸣，并且能够带领大家进入营销之中，达到销售的目的。励志型软文最大的特点就是能够激励读者，从而引起读者的思考。所以，在标题的撰写中，推广者可以选择励志标题。

在励志型标题的写作中，推广者要注意选择合适的切入点，同时选择各种新媒体渠道进行营销宣传，尽可能地多让一些读者了解。此类励志标题往往过于严肃，无须强调和加强感情色彩，常常用一目了然的广告信息内容达到营销的效果，切忌使用与事实不符的内容作为标题，夸夸其谈，令人反感。

新闻事件标题，
激起读者好奇心

　　新闻事件标题，顾名思义就是以新闻报道方式来命名的标题。新闻事件标题同新闻一样，有着典型的权威性，比较正式。对于介绍新上市的产品或者企业的新措施一般都采用新闻事件标题，目的在于引起消费者的关心从而转读正文，激起读者的好奇心。

　　在日常生活中，经常关注新闻的人可能都有这种感觉，许多新闻稿的标题就是以推广某个品牌为主题的，可以说，整篇文章都是围绕产品来介绍展开的，跟真正的新闻毫无关系，这就是新闻性的软文。很多时候，新闻事件标题都是直截了当地告诉消费者新近发生的一些与产品有关的事实，以引起大家的关注。

　　典型的新闻事件标题有很多。比如《蓦然科技与予轩教育达成网络营销顾问服务合同》《犹如百家争鸣，5款中国品牌紧凑型SUV推荐》《微信支付宝枪口，超市移动支付化两阵营》等，都是新闻事件标题，它们以新闻的手法对产品进行表述和包装，最终还是为了达到营销的目的。

　　所以，新闻事件标题的写作的最大特点就是"一针见血，具有权威性"。投放到各大网站的"企业新闻"和"行业新闻"等类似的栏目中也会受到人们的注意。因此，在软文撰写标题的过程中要学会使用新闻事件标题，吸引读者的兴趣，从而达到营销目的。

标题提出对比，形成鲜明对照

大家在购物的时候都有这样一种体验，那就是想要一个性价比较高的产品，软文推广也是如此。在标题的撰写过程中可以通过对同类商品的对比，突出自身产品的优点，自然而然地加深消费者对于产品的了解和认识。

当然，就像之前说到过的那样，软文营销中最重要的一个问题就是诚信问题。因此，企业在软文营销中运用对比式标题时一定要注意文中内容要与子标题一致。当然，最关键的是，不能只夸自己产品的优点，一定也要指出对比产品的优点，然后在两方优点的基础上进行对比，指出自身产品的可行之处，才能使软文达到应有的效果。切忌夸夸其谈，贬低对方产品，引起读者反感。下面是一篇经典的对比式软文，标题是《做工和体验才是重点：A手机对比B手机》。

说起近期最热门的国产手机，A手机和B手机无疑排在前列，A凭借以往的知名度以及疯狂的互联网宣传深入人心，B也通过产品代言人的个人魅力和无尽的话题使这部手机热度持续上升。

a.外观对比

相比之前的产品，A破天荒地采用了不锈钢材质边框，在做工上有很大的提升。而B虽然是它家的第一代产品，不过它的做工也是相当扎实，二者第一次上手的感受都很有质感，并没有廉价的感觉。此外，这两部手机均提供黑色和白色两种颜色。

b.做工和体验才是重点

正面来看，A和B都采用了5英寸的屏幕，所以这两部手机的体积相差不大，通过照片可以看出，二者的宽度几乎持平，而B的长度要比A略长一些，屏占比也都比较高。B的正面没有任何身份标志，显得很简洁，A的品牌标识在机身正面的左上角。

……

由以上案例大家可以看出，对比式软文的标题和内容基本上都是保持一致的。标题直接点题，直接说明同类产品的对比，突出产品的独到之处，使消费者加深对产品的认识。因此，对比式标题软文在很大程度上都能够给消费者一种选择了同类商品中性价比较高的产品，符合了消费者的购物心理需求。

对比式标题在我们的生活中可以经常看到，在标题中提出对比可以形成鲜明对照，符合当代消费者的购物需求。

经验类标题，制造权威感

在标题的撰写中，有一种标题格外受到消费者的喜爱，那就是经验类标题。在很大程度上它是一种目的性明确的总结式软文，受到企业和读者的喜爱。这类标题经常是别人的一些经验总结，使读者可以轻而易举地接受文章中的信息。在软文的撰写中，可以选择经验类标题，制造权威感。

在真正撰写这类软文标题的时候，推广者必须给消费者眼前一亮的感觉，要具有一定的专业性、权威性，或者经验性，切忌出现老套陈旧的经验总结，让别人一看就失去兴趣。这样的标题吸引力再好，也注定不会成功。

值得注意的是，经验类标题并不等于心灵鸡汤。在当今社会，心灵鸡汤似的文章已经数不胜数，要想真正吸引消费者的注意，就要做到出奇制胜，将消费者的目光吸引过来，才能真正将产品的宣传深入人心。因为软文的最终目的就是为了产品的销售。

所以，经验类标题的撰写需要推广者具有严谨的逻辑思维，更需要缜密的观察力，需要了解市场行情，了解消费者的购物心理，真正做到让软文成为无形中的广告。经验类软文标题在撰写时一定要做到以上提示，才能真正地制造出权威感，达到销售目的。

标题反问，
发人深省

标题反问在很多时候都能够在第一瞬间吸引消费者的兴趣，将消费者带入软文营销之中。鲁迅先生曾经说过，"记人，最好记他的眼睛"，如果把文章也比作一个人的话，那么标题就是软文的"眼睛"。看人先看眼，看文先看题，一个好的文章标题可以让消费者对这篇软文印象深刻，因此，发问式的标题更容易发人深省。

当今社会，是一个出奇制胜的社会。很多时候，软文撰写者会通过一个发问的方式引起消费者的注意力，然后再引导消费者一步一步地进入软文，了解营销的产品，以

我为什么不买iPhone6S？

2015-09-12 南京美的订阅号

阅读 100000+　　👍 100000+

图15　发问式标题

达到销售的目的，这就是软文营销的本质。因此，选择在标题时反问，有时候会起到意想不到的效果。

图15是2015年出现的一则经典的标题反问式软文，在当时造成了极大的轰动，创造了10多万的点赞量和阅读量。反问式标题在软文中比比皆是，例如《设计真的有那么重要吗？》《没有运营的产品怎么火？》等，这类标题就是通过引人深思的反问式标题来引起大家的注意，既增加了点击量，又达到了营销的目的。

标题提问的目的是为了引起读者的共鸣，吸引消费者在软文内容中找到问题的答案。因此，反问式标题也必须有文章中的答案来配合，只有真正对反问的标题给予答案，才能真正得到消费者的信任，将产品的营销做到消费者心坎儿里，进而提高市场销售率，实现企业利益的最大化。

巧妙借势，
吸引流量

当今社会，随着大家生活水平的不断提高，人们对热点事件的关注度也越来越高。在软文的撰写中，很多推广者都注意到了这一点，巧妙借势即借助时下发生的热点事件，增加软文的关注度和影响力，吸引流量，达到营销的目的。因此，选择引起人们广泛关注的事件成为软文营销标题撰写的一大方法。

当然，在撰写这类软文标题时必须从正面去命题，可以是社会热点，也可以是新闻事件，都可以吸引到消费者的注意力，从而增加网站点击量，达到产品营销的目的。

熟知软文创作的朋友大概都知道，一篇名为《一个被99%的人忽视的卫生习惯》的文章在"非典"时期是某知名品牌的一篇软文营销文章，在当时造成了极大的轰动。借助"非典"时期特殊的情况，各大媒体都在争相报道"勤洗手""科学洗手"之际，这篇文章被多次转载，成为软文营销中的一个经典案例，也让当时那个品牌大放异彩。这就是巧妙借势的作用。

就如同之前文中案例《×××品牌猪肉京津受宠》一文一样，它的成功不仅在于其抓住了新闻式软文营销的优势，更多的是在于借助了瘦肉精事件的"东风"，当时的消费者急于寻找一个既具有安全性又能得到大众认可的猪肉品牌，因此软文在当时造成了很大的影响，达到了良好的营销效果。下面一篇软文，标题是《这个夏天嗨什么？××网带你狂欢"62节"！》，是借助2016年6月2日的"62节"来进行宣传营销的经典案例。

由××网倾力打造的"62节"活动，于2016年6月2日正式拉开帷幕，为期一个月的巅峰巨惠席卷而来，只要您交易满额，就送××超级电视，不限量。

××网是深圳市××科技有限公司旗下的独立品牌，成立于2012年10月，是一家优质域名交易平台，旨在建立安全高效的域名交易系统，为合作伙伴和消费者提供优质的用户体验和安全的交易环境。业务涵盖域名交易、域名中介、海外代购、终端域名等域名综合业务解决方案。

××网也是广大域名爱好者的域名信息服务平台和交流平台，几年来依靠贴心优质的服务、安全放心的交易保障、自由诚信的宗旨，在域名投资者和企业终端间，取得了颇高的知名度和良好的口碑。

而"62节"则是××网为答谢广大用户一直以来的支持和信任，也是为了促进域名市场的稳步发展而精心策划的活动之一，每年6月2日的到来都会伴随着超值的优惠和返利，让你一次爽个够！

由以上案例可以看出，××网借助"62节"可以更好地让消费者记住这个网站。因此，巧妙借势就如同诸葛亮巧借东风一样，只要运用得好，可以使软文推广的产品达到广告效果最大化。只要"东风"借得好，就可以与几百万元的硬广相媲美。因此，只有选择能吸引大家的热点事件和新闻事件，才能真正吸引大家的注意力，吸引流量。

用数字抓住读者
的眼球

近几年人们被各种价格指数、天气指数、幸福指数等不断用数字做的文章刷屏的时候，各种数字类软文营销标题也受到了大多数人的喜爱。在中国，有不少消费者喜欢用数字来表达一件事或一个东西。软文标题在某些时候与此类似，用数字抓住读者眼球，吸引消费者的注意力，从而达到营销的目的。

在各类数字文章不断出现的今天，大家越来越喜欢在一些产品的营销中用数字来表达。在软文标题之中使用数字有一个关键之处，就是需要消费者一眼看懂这个数据，而且还必须有依据，经得起消费者的验证，才能达到更好的效果。

有些经典的文章总会被反复搜索，比如《2015年中国诞生的13款最具创新性产品！》《2015年最赚钱的十大行业》等，这类标题虽然没有很大的新奇之处，但是确实能紧抓消费者心理。这类数字型的文章标题在海量的软文营销宣传中独树一帜，吸引了大量读者的注意力，达到了销售的目的。下面是××游戏公司发布的一篇《2016年必玩的十大单机游戏：第一名出乎意料》的软文。

转眼之间，2015年便悄然过去了。回顾2015，可以说是单机游戏如同井喷的一年，各大游戏厂商如雨后春笋一般发售着新作，先是年初的生存类游戏大作《消逝的光芒》，然后便是让玩家爱不释手的《巫师3：狂猎》，紧接着小岛秀夫就不甘示弱发售了《合金装备：幻痛》，还没等玩家回过神的时候《最终幻想13：雷霆归来》与《正当防卫3》便悄然无声地上架了，最后Bethesda在年底发售玩家期盼已久的《辐射4》与Treyarch的FPS大作《使命召唤12》，为2015年的单机游戏大家族画上了圆满的句号。

无论2015年给大家带来是惊喜，是快乐，是悲伤还是失望，2015已离我们而去。让我们放下2015年的一切，一起来看看2016年会带给我们哪些不得不玩的经典大作。

第十名：《全境封锁》

……

第九名：《古墓丽影：崛起》

……

第八名：《杀出重围：人类分裂》

……

第七名：《黑手党3》

……

第六名：《质量效应：仙女座》

……

由以上案例可以看出，数字在消费者的搜索方面占据着较大的比例。用数字抓住消费者眼球从某种程度来说，就是使用标题中的数字给消费者留下深刻的印象，从而使消费者对软文内容产生兴趣，有一探究竟的想法，希望在文章中找到具体的答案。

有句名言说得好："极大的张力带来极大的和谐。"体现在数字标题上就是：极大的数字带来极大的震撼。写作此类标题时最重要的是要做到真正用具体或特定数字来突出软文内容，以求达到意想不到的效果。数据的力量可以震撼心灵，让受众从数字中寻找答案，从数字中找到力量，这都是营销人想要达到的目的。

鼓舞性标题唤起
读者的激情

在软文标题的写作中，选择鼓舞性的标题，用积极正面的说法来宣传产品。标题中带有鼓动性、煽动性的词语，可以唤起读者的激情，引起消费者的注意。鼓舞性标题能够以消费者的口吻进行命题，起到鼓舞人心的作用，唤起消费者的激情。

消费者对于产品大都保有将信将疑的态度，鼓舞性标题就是要打消消费者的疑虑，唤起消费者的激情，引起消费者的重视。撰写鼓舞性标题从而唤起消费者激情要做到以下几个方面：

1.鼓舞性标题要有正能量，能够向消费者传递正面信息

当今社会是一个人人寻求正能量的社会，消费者的心态也是这样。一篇吸引读者的文章必定能通过文字传达出某种积极正面的思想，从而确立正确的消费导向。因此，鼓舞性标题的写作中要有正能量、积极方面的因素。

2.要保证其原创性和真实性

鼓舞不等于夸大事实，一篇文章要想真正得到消费者的认同、达到宣传的目的，就必须保证其是真实有料的文章，能够保证其原创性。当然，产品也要与描述相符，绝对不能欺骗消费者。

3.鼓舞性标题要给予消费者一定的"甜头"

鼓舞性标题之所以能够在一定程度上唤起消费者的激情，就是因为有"利"可图，意思就是能够让消费者明白这个产品的优势，让其感觉到产品的性价比较高，物有所值。鼓舞性标题在很大程度上都能够给予消费者以直面的利益冲击，能够唤起消费者的消费激情。

总之，鼓舞性标题的撰写必须要做到以事实为依据，真正将产品的营销与消费者的利益结合在创作中，才能将软文写到消费者心里，唤起消费者的激情。

提建议，引起读者重视

在中国，大多数人都信奉这样一句话，那就是：术业有专攻。很多时候，专业领域的建议都能得到消费者的信任。因此，我们在看新闻时往往能看到这样的标题：××品牌提醒您在这方面应该怎么做。这种建议式的软文营销推广的标题在很大程度上能够降低消费者对于广告本身的抵触心理，达到较好的营销效果。

建议式标题很多时候能给大家以专业方面的意见，从而引起消费者的重视。消费者往往相信一定的权威性，因此以专业人士或者专家口吻进行建议式的标题就能够引起消费者的重视，从而促成销售市场的成功率。下面是羊年春节临近之时关于××饮品的一篇文章，标题是《冬天喝热××，过年聚会健康首选》。

临近年关，年味渐浓。在中国，春节无疑是人们心中最重要的日子，这一天，几乎所有奔波在外的游子都会回到故乡，和家人团聚。近年来，随着社会经济的发展和国民养生意识的觉醒，过一个健康、轻松、养生的春节正悄然成为社会主流。

以年关聚会为例，不少网友都表示："以往过年，总感觉比平时还累，各种聚会像走马灯，整天喝得人事不省，想和家人说会儿话的机会都很少。"还有人说："这两年聚会，大家都不想没命地喝了，饭桌上烟酒少了，取而代之的是××之类的健康饮品，冬天冷，××还能热着喝，感觉很不错，比喝酒强多了！"

的确，据专业机构调查显示，随着人们对食品保健功能的重视，近年来，以健康养生为主打的植物蛋白饮料销量取得飞速的增长，2013年中国含乳及植物蛋白饮料行业规模为895亿元，年均增长28%，是饮料中增速最快的子行业。其中，××作为我国植物蛋白饮料行业的龙头老大，旗下杏仁露多年来在细分市场占有率保持在90%左右，仅2014年经营年度以来（4月至8月）同比增速就超过15%。

××杏仁露的持续热销折射出人们对健康养生的关注。隆冬时节适合食用滋润温补的食物，而杏仁富含多种维生素、单不饱和脂肪酸等营养成分，可滋阴养颜、降低血脂，拥有多重保健功效，是名副其实的健康食品。××杏仁露萃取天然杏仁精华，采用传统石磨工艺，营养丰富，口感香醇，而且它还是少有的加热后营养不变、风味益佳的饮品，十分适合冬天饮用。目前，露露还针对血糖较高的人群专门推出无糖杏仁露，在原有配方基础上，不添加蔗糖，辅以优质木糖醇、卵磷脂和低聚糖等益生因子，满足了不同人群的健康需求。

随着羊年春节临近，为回馈消费者的长期支持，××杏仁露在微信和线上活动两大平台推出大型"晒幸福赢好礼"跨年活动——"杏福节"，该活动横跨情人节、春节、元宵等传统节日，号召人们晒幸福、送祝福。参与者只需在活动页面点击"我要杏福温暖"按钮，晒出幸福照片并分享至朋友圈或微博平台，即有机会获得iphone6、500元京东购物卡、100或50元话费、××杏仁露等多重年货大礼。

"冬天要喝热××"，一杯热的杏仁露带来的不仅是温暖，更是一种健康的生活态度。在××眼中，过年不是炫富有，不是拼酒量，而是与家人团聚时的那份温馨和幸福。年关将近，让我们与××一起，在温暖的"杏福节"中回归年的健康与美好。

由以上案例大家可以看出，建议式标题多数在标题中就已经向消费者进行营销了。通过自己品牌的主要特点及优势向消费者进行专业方面的建议，使得消费者对其产品产生兴趣，从而达到软文营销的目的。因此，建议式标题多采用专业角度来进行命题，利用消费者信奉专业的权威性，引起消费者的重视，达到销售目的。

当然，建议式标题的选择必须是依据事实而选的，切不可夸大其专业作用，以免因小失大，使得消费者对产品产生不好的印象。因此，建议式标题的选择要根据事实来进行，软文内容要和标题相一致，让消费者在不知不觉中走入营销，达到以软文促销售的最终目的。

支招式标题，让读者心甘情愿买账

企业运用软文进行营销时经常会采用给消费者支招的形式进行命题，让读者心甘情愿地买账。在这类软文标题中，企业通常会利用"如何……"等形式来撰写软文标题，针对具体的文章推出一个"指导性的教程"。同时还可以将广告完美地融合进去，使得消费者不知不觉地开始关注起软文的内容。

由于支招式标题能够在很多时候吸引大部分新人或者对未知领域感兴趣的人，给予他们一些专业性的建议及意见，因此，支招式标题对消费者来说，软文的可读性较高；对企业来说，能够大大提高营销活动的成功概率，达到软文营销的最终目的。

支招式标题的选择可以做到将广告植入无形之中，且有一定的后续性。一篇优秀的软文，是可以被消费者重复阅读、多次转载的，具有较强的实用性和推广性，这些都是无形中的宣传和营销。那么，如何撰写支招式标题呢？要注意以下几个方面。

1.标题与内容一致，体现较强的专业性、经验性

所谓支招，就是给予消费者一些专业性或者经验性的建议和说法，使得

消费者能够信服，能够学到一些东西，从而愿意进入软文营销之中。因此，支招式标题撰写时要做到具有较强的专业性和经验性，从而实现销售。

2.标题广告要轻微插入，切忌植入硬广

很多时候，企业撰写软文时喜欢将产品、企业名字等体现在标题之中，导致消费者对其产生反感情绪，造成适得其反的效果。因此，在标题的撰写之中要学会轻微插入广告，切忌硬广植入，说不定能达到事半功倍的效果。

3.选择较好的平台发布

虽然这个和标题的撰写没有较大的关系，但是选择一个较好的、有威望的平台发布能够让一篇软文得到大家的信任，能够更好地让大家相信这篇软文的真实性，从而增加点击量，得到消费者的信任，更易达到软文营销的目的。

支招式标题有时需要一些专业人士站在一个较高的位置对标题和内容进行撰写，要符合软文营销的一系列要求。软文内容是不允许复制粘贴的，要具有原创性。

第五章

▶▶

布局，让读者在不知不觉间入彀的学问

大家印象中的软文属于一种软性的广告，其实它的形式是一篇文章。万变不离其宗，软文既然是一篇文章，那么肯定还要遵循文章的结构、布局，"凤头、猪肚、豹尾"的三大构架也成为软文布局的常见形式。因此，在软文写作中，要学会巧妙布局，让读者在不知不觉间入彀。

悬疑式布局

悬疑式布局就是把一个完整的故事情节发展的关键点分隔开来，通过设置悬念的方式来持续吸引消费者的关注。类似于我们经常在杂志上看到的那些连载性故事，软文中的悬疑式布局就是需要达到这个效果，勾起消费者的好奇心，引导消费者进入软文中的营销。

悬疑式布局在软文之中是常用的布局之一。好奇心是天生的，设置谜团而不做解答，借以激发读者的阅读兴趣是软文中悬疑式布局的主要方法。推广者要想选择悬疑式布局进行营销推广活动，就要在软文撰写时有意识地制造悬念，使消费者产生急切的期盼心理，然后在适当的时候将谜底揭开，达到销售的目的。下面是一篇经典的悬疑布局软文营销案例，标题是《老公，别把你的专业变成伤害我的工具！》。

这件奇怪的事，让我震撼之余，伤透了我的心。

那天晚上我收拾完厨房走进卧室，老公在卧室里用着电脑，我进去时就听见QQ的嘀嘀声，似乎是老公正跟人聊得火热，一见我进去，老公就说了句"破电脑老是自动关机"。

可是，奇怪的事情发生了，电脑这时真的关机了！我不得不产生怀疑，因为我明明是听见老公说完后电脑才关机的。我问他怎么回事，结果他说电脑可能有问题了，已经好几次了，他一看那个状况就知道又要关机了。

后来，我也就没太在意，因为我们的电脑毕竟使用很长时间了，有故障很正常。可是后来，我发现越来越不对劲。因为好几次，都是我在听到QQ不断的嘀嘀声时走进房间，随后就是老公的"关机"说法。我很纳闷，老公是计算机专业出身，如果是电脑有问题，他也应该想办法弄好啊！

因为老公平时工作比较忙，一般也只有晚上才在家用电脑，而我在家时间都不怎么碰电脑。昨天晚上老公临时有事出去了，我闲着无聊，也没有什么电视好看，就打开电脑写东西。因为一个人实在闷，就打开音乐，戴上耳机（平时我一般都不喜欢戴耳机听音乐的）。正好这时一朋友打电话来，因为我上次问他电脑无故关机的事。他问我都出现什么情况，我就说：也没什么，就是"破电脑老是自动关机"。结果这时电脑真关机了。太奇怪了！我跟朋友反映的是老公碰到的情况，我几次使用都没碰到，结果今天也被我碰上了！

我大喊了一声："真见鬼了！"朋友在那边可能被我吓了一跳，一个劲儿地问怎么回事。我把情况说明后，朋友告诉我应该是电脑里装了什么程序。他又问我上网时间什么的，也没有找到原因。因为他打电话过来时我正在听歌，手里还拿着耳机，当时我把耳机放在了桌上，手肘顶在桌面接电话，朋友听到音乐声就问什么声音，我说在听音乐，然后他说知道原因了，可能是电脑里有语音控制程序什么的。

说实话，我平时除了用电脑打打字，基本算是个"电脑盲"。除了播放器有语音功能外，我也没有发现什么其他异常的程序，电脑屏幕上只有一个深黑界面在放着音乐。此时我心里只想着老公到底有什么事情需要这样隐瞒我，居然还把自己的专业用上了！

想起我们刚恋爱的时候，老公曾说以后想为我做一款能自动听人语音记录文字的软件，这样我就不用天天对着电脑打字，让眼睛受累了，当时的感动情景现在还历历在目，可是我却没有想到，几年时间过去了，当初的形式变成了这样的结果！

怨恨之中，我一时冲动就把××播放器给卸载了，冷静下来后，理智告诉我这样做势必将引起我们之间更大的矛盾，何况这一切还只是出于我的怀疑，并没有任何可以指责老公的地方，我需要了解老公到底在做什么，而不是让我们的关系陷入僵局。

正在我准备要重装刚刚卸载的播放器软件的时候，突然打开了一个页面，页面上的提示我们卸载软件时经常会碰到的问题：请问您卸载"×××语音控制播放器"的原因是什么？下面是几个常规选项。我突然发现不对，原来我刚卸载的并不是××，而是和××相同界面的一个播放器，因为它支持语音功能，才使老公在我走进房间的那一刻可以说一句"破电脑老是自动关机"，就让他把正在做的一切都隐形了。

我突然感觉自己受到了欺骗，老公是特意下载这样一个软件来对付我的！他不想让我知道他在做什么，隐瞒我到这种地步，不惜一遍遍地说着可笑的"破电脑老是自动关机"来让我的怀疑变得没有任何理由。也许此刻女性朋友都会有和我同样的心情，那就是当你知道你的另一半是处心积虑地要将你排除在他的隐秘空间之外时，你的心情是怎样的失落和痛心！

软件装回去了，可我的心却再也回不到自己的身体。我不知道他在隐瞒什么，我不知道我该怎么办，我不知道为什么要出现这么多有着这样"超大"功能的软件，来帮助男人实现隐藏他们的秘密！

这篇文章是一篇特别经典的悬疑营销案例，相信看完这篇软文的人都会有着很大的疑问，这个软件到底是什么呢？从标题到内容，处处诱惑着消费者进入文章的营销之中。达到这个目的，软文就达到营销的效果了。那么，如何做到悬疑式布局呢？

1.提前结局模糊化，制造一些悬念

其实悬疑就是把一些未知的东西或者事情制造出一种悬而未决的感觉，同时不要过早地点明结局。当然，结局可以提前模糊化，模棱两可地来说，同时在文中不断制造悬念，吸引读者兴趣，不断引导消费者进入软文之中，达到营销的目的。

2.消费者的期待在一定程度上决定了文章的走向

要在软文的写作中不断考虑消费者的感受，站在消费者的角度来撰写软文，同时充分重视个人的主观意志，了解当下消费者喜欢发表见解、熟悉他们的习惯、生活方式、思维模式等。将这些与软文写作结合起来，就能达到营销的预期效果。

3.矛盾的不断加深、冲突的不断激化，将最精彩的部分留到最后

平淡无味的东西很少受到大家的喜欢，只有矛盾不断加深、冲突不断激化，才能更好地吸引消费者的目光，将消费者的注意力吸引到软文之中，使他们将整篇软文看完，到最后意犹未尽，实现销售市场的提升。

值得注意的是，悬疑式软文布局在进行创作时千万不能忽略文章的主旨是为了进行产品的宣传，神秘的卖点、矛盾的不断冲突都是为了产品的宣传服务。因此，悬疑式软文营销布局要按照以上方法进行撰写，真正将消费者的注意力吸引过来，才能达到营销的目的。

双线式布局

在软文写作中，双线式布局是指从一篇文章的若干个方面入笔，并列平行地叙述事件，不分主次地说明产品，进行营销。双线式布局可以将事件、事物和论题分成几个方面来叙述，但每个部分都是并列平行的关系，可以保证独立的部分，从而达到营销的效果。

在双线式布局上，一般情况下，会有两种布局形式。一种是围绕中心论点，以议论文的形式展开论述，论述若干个分论点，真正地将产品的营销做到消费者的心里，让他们对其产生兴趣。另一种就是围绕一个产品的主题，分别通过几个不同的并列观点去展现这个产品的优势，从而得到消费者的信任，达到营销目的。

下面是2016年5月底某电商平台发布的一篇软文，标题是《如果你不想死在电商的路上，就请把它看完》。

你好，我是老周。你能点进来，证明你跟老周一样想在电商圈里好好地活着，那老周跟你认真地探讨一下如何更好地活在电商的路上。

……

你现在有没有发现做电商越来越吃力了？不管你是新手，还是曾经打造过不少"爆款"老手。我身边就有很多曾经做得风生水起的朋友，2005年底就开始觉得力不从心。其中不乏刷单能手、直通车高手、上活动能人等，都通通遇到了滑铁卢！为什么会这样呢？老周认为有四个原因：

其一，是大环境变差了。全球经济都不景气，我国虽然不算太差，但也好不到哪里去。做工厂的朋友应该明显能感受得到。但这是我们没法改变的，所以不做过多的讨论。

其二，想赚钱的创业者们不断地涌入，但是网民人数增加速度不断下降，这些数据大家随便就能在网上找到，我就不发上来了。这就造成了"僧多粥少"的局面，竞争越来越激烈。以上这两点一结合，就是更多的人去抢变小了的蛋糕，所以就感觉到更艰难了！

其三，在淘宝大力打击刷单的行动下，很多依靠刷单这一对一的推广方法大赚的商家，感觉走不通了。怎么会越刷越没销量？

其四，以前直通车玩得很溜的人，打造"爆款"简直是十分容易的事情，近两年貌似完全没有了感觉。推什么都推不起来，都快把以前赚到的钱全部烧光了！为什么会这样？我给大家看两个图就知道了。

······

无线带来的访客占比是极高的。如果再按以前直通车的玩法是玩不转的，你也可以搜索一下自己的类目，我相信大体差不多。如果你的不是如此，那你按以前的方式来运作还是可行的，不过一定要为未来的改变做好准备！

我们在网上看到很多"大神"晒的数据非常惊人，难道是假的吗？老周对这些数据持保留态度。当然也有一些真正有实力"大神"，但就算你把他的方式方法学会了都很难做到他的1%！因为你跟"大神"的资源配备不是一个重量级的。单单资金这一块就可以拒人于千里，还不算一个优质的产业链。那么我们中小卖家就没机会吗？

老周不得不说，现在中小卖家的机会真是越来越少了，但也并不是完全没机会。老周把看到的机会给大家分享一下。

a.单可以刷，但不能猛刷

刷单的入口一定要多元化，PC端、手机端、搜索、类目、已买到的宝贝等你能想到的渠道都可以用上。重点以补单为主。最好能找到一些真实的买家来刷，而不是那些专业的刷手。要不然，你只会越刷越死！

b.直通车新玩法

直通车经常变，老周只根据现在的情况来分析，以后不一定适用。现在直通车移动端和PC端的权重已经分离，互不干扰。而且更加看中转化率的权重占比。所以你对产品的选择和前期销量的维护是非常重要的，一定要结合刷单来做！手机屏幕比PC少，每页展现的宝贝少，所以无线的点击率比PC的高，越是靠前的位置点击率越高。如果想迅速提升计划权重，选择一款给力的产品，冲击手机端首屏，是最佳选择。

c.移动端的描述

相信大家都知道，无线的流量比PC高得多，但是老周到目前为止并没看到有很多卖家针对无线端的特点对描述做出改变，很多人仍然只是照搬，那么那些先知先觉的朋友就能把握机会了。

……

d.评价里的买家秀

其实决定转化率的并不是你的描述多精美，而是买家对你的信任。买家更容易相信的是买过产品的人说出来的话，有图为证的话更有可信度。这可以使你的产品的转化能力提高几倍。

由以上案例大家可以看出，这是一篇典型的双线式布局。分条论点的详细阐述真正做到了围绕一个主题使用不同的方法，每个部分都是相互并列平行的关系，都有着独立的主题。因此，双线式布局的撰写是软文营销布局中的重要方面。那么，在软文撰写中使用双线式布局时应该注意什么问题呢？

一方面，双线式布局中，如果围绕一个中心论点展开的话，软文中其他佐证中心论点的观点必须是各自独立的，真正做到紧紧围绕一个中心论点去阐述，将文章的产品营销进行深刻阐述，使得消费者对其逐渐加深理解，达到营销的效果。

另一方面，双线式布局要求有较强的说服性。双线式布局在大多数的情况下都是以议论文的格式出现在消费者的面前。因此，选择双线式布局要做到使软文内容具有较强的说服力，使消费者对其产生信服力，从而产生购物的欲望。

一切的布局都是为了软文达到更好的营销效果，使得消费者对于产品有着更深刻的理解。因此，在软文撰写的过程中选择双线式布局既方便推广者对于整篇文章的把握，又能增强消费者对产品的信服力。

递进式布局

递进式布局就是层层递进的方式，递进式布局在软文的写作中可以用于议论形式的软文，特别是在论证的时候，层层递进，一环扣一环，每个部分都不可或缺。在论述的时候，不断通过递进式布局层层深入，循序渐进地将产品介绍给大家，达到软文推广的最终目的。

在递进式布局的论述中，经常采用"是什么"，再分析"为什么"，最后讲"怎么样"的方法。这种布局要注意内容之间的前后逻辑关系，顺序不可以随意颠倒，要做到思维缜密，逻辑严密，能说明问题。因此，递进式布局也成为软文营销中经常采用的布局方式之一。

下面是一篇IT界的递进式软文案例，标题是《郑州网站建设哪家强？没有最强，只有更用心的公司》。

曾几何时，网络上面开始流行各种体，什么这个体、那个体的。但是我从来没有用到自己身上或者公司身上，总觉得是在跟风，自己也不喜欢跟风和随大溜。

当你看到标题，你可能感觉这不是最近流行的那个什么吗……其实仔细一看，不一样。可能换作其他人或者其他公司会说"郑州网站建设哪家强？某某最强"或者"去中国郑州找谁谁"。

这样一来每个人、每个公司都称自己是最棒的、最强的、最好的。你懂的，事实并不是这样的，也误导了很多消费者！

本人在郑州生活打拼了五年多，从事网站建设也很久了，公司注册并运营了三年多。如果你问我："郑州网站建设哪家强？"我会回答："没有最强，只有更用心的公司！"为什么有越来越多的人加入互联网创业的队伍中来呢？因为互联网创业门槛低，所以竞争不是一般的激烈，也就导致了市场的混乱。网站建设这个行业也是一样的，但是你要做好、做强很不容易。

现在在郑州，提供网站建设服务的除了公司，还有很多兼职的个人，你说谁最强呢？谁又敢说自己最强？你可以说你很用心、非常用心，这就够了，这就可以算强者了。

我们是怎么做的呢？

首先，我会告诉客户，我们并不是大公司，也算是初创企业，如果客户忌讳公司的大小，我会给他介绍一些同行中的大公司。同时我也会告诉客户，虽然我们小，但是我们服务好，我们用心！

其次，客户最担心的是价格方面的问题。有的公司可能对网站建设这块预算不多，当然"不差钱"的公司就不会考虑价格的问题。价格方面，起初我刚入行的时候，发现前面真是人山人海，全是竞争对手，这如何是好呢？开始接单时真的是赔钱做，为了积累客户，哪怕赔钱我也做。一旦接了这个单子就要用心做好，让客户满意。现在慢慢成长了，情况也好很多了。现在给客户报价，都是根据客户的具体要求报一个十分合理的价格，也就是我经常说的"这个价格是十分合理的，是我们应该得到的价格"。有时候也会出现客户认为我要价低，担心我是否能做好的问题。当客户看到他公司的网站以及我们的服务后，就打消了一切之前的顾虑。我们拒绝隐藏消费，不玩一些无用的噱头来获得更多利润。

再次，我们拒绝拖沓。根据客户要求，我们安排好订单后，一般一周之内会让客户看到网站的效果图。有的客户确实着急，我们也经常加班加点赶做网站。效率高，但是拒绝应付。

最后，就是服务和售后的问题了。网站建设期间，我们一般会聆听客户的建议，也会给客户一些建议。最后综合起来设计和调整网站，不会把自己的观点强加给客户，如果遇到分歧，会以客户的建议为主。目前来讲，我们并没有制定售后服务的价格，意思就是现在的售后都是免费提供给客户的。这一点可能大部分人都想不明白，最初确实很难，没单子的时候也很忙，忙着给客户修改网站……

什么样的客户都遇到过，过分无理的并不多。不管客户提什么要求，我们都会尽全力满足客户的，如果我们确实办不到也会跟客户商量。我们并不是"万能神"，这几年中也有几个对我们不满的客户。遇到这样的情况，我都会反省、改进，以期下次做得更好。

郑州网站建设哪家强？我们不是最强的，但是我们是一个用心的公司！

由以上案例大家可以看出，针对"郑州网站建设哪家强"的介绍，推广者一步步地深入讲解，不断深化此方面的知识，全方位地进行推广。最关键的是推广者用了一系列的容易理解的话语在介绍产品，真正达到了软文营销的预期目的。那么，递进式布局在软文写作时应该注意什么呢？

一方面，论述要做到层层深入，注意前后的逻辑性。递进式布局的一个关键点就是层层递进，有着较强的逻辑关系。在很多时候，递进式软文的写作顺序是不可随意颠倒的，要想真正说明问题，就得选择这种递进式布局的软文。

另一方面，在递进式布局软文的撰写中，要做到真正将软文的论点一步一步深入，层层递进，不断加深消费者对产品的认识与理解，从而取得消费者的信任。因此，在递进式布局的软文写作中必须要用"干货"去说服消费者，才能真正将产品的营销做到消费者的心坎里。

递进式布局是所有软文撰写者都会考虑的布局之一。只有真正地将产品信息逻辑清晰、层层深入地介绍给消费者，才能真正让递进式布局成为一把营销利器，将产品真正推广出去，让软文真正成为营销中的"战斗机"。

"总分总"式
布局

软文营销的内容运用"总分总"式的布局往往在开篇就点题了，然后在软文中主体部分将中心论点分成若干个分论点，横向展开讨论叙述，最后再在结论部分加以归纳、总结和必要的引述，真正将产品的宣传做到位。

"总分总"式布局，顾名思义，就是一篇软文中的布局先总结后具体分析，最后再次进行总结。这种布局在议论文中经常见到，是议论文常用的布局之一。这种布局能够更好地对产品进行阐述和解释，使得消费者进而深一步理解此文的含义。选择合适的软文布局能够让文章的营销效果最大化，下面是一篇标题为《一元夺宝营销有多好？A跟随上线"一元夺宝"》的"总分总"式布局软文。

去年年底，××科技就曾发文预言，2016将成为"一元夺宝"营销模式爆发的一年。果不其然，年后，不仅各种"一元夺宝"的网站、APP如雨后春笋般涌现，几大互联网巨头也都纷纷推出"一元夺宝"应用或功能。而不久前，××科技发现，最近玩直播玩得不亦乐乎的A，竟然也于上个月在自己的A众筹上悄然上线了"一元夺宝"功能模块。

××云购：第一个吃螃蟹的人已赚得盆满钵满。

说起一元夺宝的商业模式，××云购网是最早进行尝试的，然后，网易、迅雷、百度跟进，2015年，他们几个可以说是最主流的一元夺宝平台，用户非常多。以××云购网站为例，截至6月6日17时，该网站首页显示的累计参与人次已超过82.1亿，共销售商品549万件。其中，一个参与人次即意味着用户消费了一元，试想该网站在短短两年多的运营时间里，净赚比几家大型电商平台还多。

什么是一元夺宝？

分析一元夺宝的原理，其实很简单，就是把一件商品平分成若干"等份"出售，每份一元，然后，当一件商品所有的"等份"都售出后，从中抽出一名幸运者，该幸运者即可获得此商品，这算是"网购+众筹+抽奖"的创新结合。

一元夺宝为什么让消费者痴迷？

传统网购融入了众筹和抽奖的玩法，消费者怎么就突然变得不淡定了，并爆发出"双十一"一样的消费热情呢？因为一元夺宝平台将商品分割销售，大大降低了消费者的消费门槛，比如价格高昂的商品，在传统的销售模式中，大部分消费者可能都不可企及，而在这里，一元即有机会拥有，因此，谁不愿意试一下呢？何况一元在当下几乎买不了一个包子、一瓶水，真不如拿来博一博好运，收获一份期盼和惊喜。

一元夺宝：商家吸粉引流新方式。

一元夺宝商业模式的出现，可以让消费者的购物欲望在钱包厚度不变的情况下得到满足和释放。对商家来说，也是一种新的"吸粉"引流的方式。按照传统的销售模式，商家卖出一件商品可积累一个客户，而通过一元夺宝模式，卖出一件商品则可获得多个客户。同时，加上消费者在朋友圈的晒图分享，裂变传播，商品和品牌的曝光度得到进一步提升。所以，这对于商家推广宣传、迅速积累目标客户或者清理积压的库存商品，有重要的意义。

所以，如果您觉得当前做专门的一元夺宝平台，机会已不多的话，完全可以考虑像A那样，将其作为一种营销方式来嵌入已有的平台或频道之中，从而刺激用户关注和参与，以达到快速"吸粉"引流的效果。

××科技，国内最早最专业的一元夺宝系统开发商，帮您用"PC+APP+微信"的方式三位一体地快速搭建自己的一元夺宝平台，零开发成本，无技术要求。即便您有自己的网站或APP，也可以通过无缝连接实现。

由以上案例可以看出，这篇软文就是要说明A公司的一元夺宝模式，因此，选择在开头说明一元夺宝模式长久以来所取得的成绩，做了大致概括；然后在中间详细介绍了一元夺宝模式；最后再次进行总结，对一元夺宝模式的未来发展进行展望。通过这种布局模式真正将营销的介绍深入消费者的心理。那么，如何撰写"总分总"式布局的软文呢？要注意以下几个方面：

1.开头总起部分要选择简洁明了醒目，点明题意

俗话说得好："好的开头是成功的一半。"一篇软文要想达到好的效果，必须在开头吸引读者，同时也要让读者尽快了解整篇文章都在讲什么，此时可以做个简单概述，让读者进入产品的介绍之中。

2.中间部分要互相独立，从不同的角度去表达软文的主题

在编排的先后次序上慎重考虑，达到软文营销的效果。一篇软文最重要的部分就是中间部分阐述的内容，中间部分作为文章的主要论述部分，要做到以文章主题为中心，全方位论证，从各个方面去论证文章的主题，层层深入地论述主题。先说什么、后说什么在写作中都要有所斟酌，从而取得消费者的信任。

3.结尾是对主干部分的归纳总结

同时又要做到首尾呼应，与开头相对照。就如同上文案例中说到的一元

营销一样，结尾再次点题，说明A也开始实行一元营销模式，再次与开头相呼应，与主干部分相承接。

在"总分总"式布局下的软文，真正将产品的营销做到了极致，力争让消费者认识、了解和信任该产品，最后达到销售成功的目的，这就是软文的最终要求。当然，广告的植入要做到适当，切不可引起消费者的反感。

设问式布局

设问是一种常见的修辞手法，用于表示强调作用。当然，在软文之中的设问式布局通常是为了强调某部分内容，所以故意先提出问题，明知故问，自问自答。从而吸引消费者的注意力，让消费者产生阅读的兴趣，一步一步走进文章的营销之中。

通常来说，正确地运用设问式布局，除了能够引起读者注意、启发思考之外，还可以使文章显得层次分明、结构紧凑；如果可以更好地描写人物的思想活动，突出某些内容，使内容起波澜、有变化，文章就更能在营销活动中发挥作用。

下面是一篇名为《操作不慎事倍功半，互联网品牌营销你该避过哪些坑？》的设问式布局软文，具体内容如下：

品牌到底有多重要？看看高度竞争的手机市场就能略知一二。截至2016年4月份A手机的中国市场占有率为8.2%，但是却拿下了智能手机市场91%的利润额。这家依靠品牌和创新驱动的美国公司几乎将核心以外的业务全部外包，却赢得了全球用户的关注与认可。对于诸多公司来说，深陷竞争红海的根源就是品牌弱势。互联网应用普及，给了有品牌意识的公司一线转型机会，不断将互联网品牌营销付诸实践。经过多年网络营销实战观察，×××公司发现由于经验不足、方法不当，太多公司互联网的品牌营销转型之路并不坦荡。

a.品牌命名：好字号已经成功一半

好马配好鞍，好的品牌命名是品牌营销的开始。搜索引擎公司百度取义"众里寻他千百度"，阿里巴巴的名称来源于一个古老的神话。与在品牌创立以前，这些字号相关联故事已经家喻户晓，自然可以很好助力品牌塑造。虽然现在的好的名称所剩无几，但是×××公司仍建议命名品牌遵循"信、达、雅"三原则，即取义可信、传播可达、意境优雅。除此之外，品牌命名也要合理规避搜索引擎识别障碍，否则会失去很多品牌展现的机会。

b.品牌定位：没个性谈何塑造属性

成功的品牌做品牌定位，总能给我们带来一些启示。科学地说，品牌定位应该在品牌命名之前，定位即确定品牌的个性，比如品牌面向的用户群体、品牌涵盖的产品类别、品牌锁定的消费阶层等。然而很多公司并没有品牌定位意识，而是随着公司主营业务的变更，不断调整品牌的定位和属性。在互联网品牌营销执行前，一定要准确进行定位，否则盲目投入执行只会事倍功半，甚至适得其反。

c.品牌传播：有口碑才能成就品牌

提及互联网品牌营销，很多人首先想到的就是通过发布新闻等方法，提高品牌及相关内容曝光率。的确，一个品牌在短时间内反复出现确实可以让人加深印象。很多硬广高密度集中投放，其原理也是如此。可是品牌营销应该是系统策略执行，而不是简单地重复展现品牌。人们对品牌从认知到记忆再到淡忘，总是有规律的。重复广告投放同样是事倍功半的操作手法。有口皆碑才是品牌，品牌营销一定要结合口碑传播，才能事半功倍。品牌营销的本身也包括认知度和美誉度，而口碑营销的目的就是为了塑造品牌的美誉度。

抛开传播途径和营销工具不谈，品牌营销的基本法则是一脉相承的，只是互联网优势明显，传播快速广泛容易引起共鸣，但是也相对局限。比如本文开始所叙述的品牌命名就要注意，也许名称很好，但是如果在搜索引擎上无法展现，就会错失太多营销展现的机会。多年网络营销实战告诉×××公司，互联网时代品牌营销不再局限于字号传播，可以图文图像相互配合。比如类似微电影形式的视频营销，就为品牌营销提供了一个很好的思路。品牌营销需要通过广告投放提升曝光率和品牌认知度，更需要结合品牌做好口碑塑造传播，两者有机结合才能相得益彰，有效提升品牌营销转化效果。

其实在软文的布局中，设问式布局与悬疑式布局有着异曲同工之处，不同的是，悬疑式布局是通过设置谜团不做解答的方式，以激发读者的阅读兴趣。而设问式布局则是通过提出问题并以自问自答的方式引起读者的注意，启发思考，激发读者的阅读兴趣。在写作中，设问式布局可以分为以下三种形式。

（1）设问式布局中可以用设问做文章的标题，这样既能吸引读者，又可以启发读者的思考，使其更好地领会文章的中心思想。

（2）在设问式软文营销文章中，设问一般可以用在一段或者一节文章的开头或结尾，能起到承上启下的过渡作用，使文章的衔接更为自然。

（3）在说理性的文章中，为了使论证深入，对关键性的内容通过设问的方式进行说理。通过设问来引导全文的总体走向文章主线，可以不断吸引读者的注意力。

　　综上所述，在软文设问式布局中，设问就是要求自问自答，要求问和答要贴切，不能答非所问。而且，设问通常是应用在描述、议论、抒情的前面，以达到提醒读者，引出下文的目的。需要注意的是，设问要用在点睛之处、关键之处，不需要强调时就不要用设问。

剪辑式布局

剪辑式布局，就是根据表现主题的需要，选择几个生动的人物、事件或景物进行镜头切换式组合成文。所选的镜头片断，无论是人物生活片段还是景物描写片断，甚至是故事、抒情片断，都要紧贴主题，围绕中心来组织和叙述。通过剪辑片段组成文章，给读者以强烈的时代感受。

剪辑式布局通常需要软文撰写者选择一些最具有代表性的事物片段来进行撰写，让读者能够看出其变化，能够给予读者无限的想象空间或视觉感受。因此，选择剪辑式布局能够让消费者对产品产生更深的印象。

剪辑式布局可分为以下四种表达形式：

1.正反对比式

正反对比式布局是指通过正反两种情况进行对比，然后分析论证观点的结构形式。企业在使用剪辑正反对比式布局时，应围绕中心论点选择要比较的材料，所选对象必须是两种性质截然相反或有差异的事物，论证时要紧扣文章的中心，才能确定进行对比。

正反论证要有主次，如果软文从反面立论，主题部分就以反面论述为主，以正面论述为辅；如果软文从正面立论，主题部分就以正面论述为主，以反面论述为辅。

2.排比式

排比式布局是指文章在表达上常用排比句，在内容上句句紧扣主旨、突出中心，在形式上使层次更清晰。因此，排比式布局可以在很大程度上增强软文语言的气势与节奏感。

3.时间式

时间式布局是围绕几个时间段写人生经历或事件的一种方法，一般以"时间"为主线，利用记叙每个"时间"中的主要事件，将许多内容作为艺术"空白"留给读者去想象，再创造。下面是一篇标题为《蓦然回首135》的通过时间形式来表达的剪辑式布局软文。

蓦然回首，××科技马上就要5岁了。

××科技1岁的时候，是2012年，准确地来说，××科技是2011年筹划注册成立的，那时候我还在上大二，执照上面的成立日期是8月31日，当时已经是大二暑假的尾声了。

××科技1岁的时候，可以算正式地有了一间像模像样的办公室，之前都是在学校宿舍和学校外面的小宾馆里面办公。虽然现在看来很不正规，但那时候感觉很不错了，那时候拿着没交的学费去租的地方，两室一厅，卧室用来住，客厅用来办公。

××科技2岁的时候，业务正在转型。可是由于经验和阅历的欠缺，经营状况很不理想，最后一次交房租的钱还是借的。最后撑不下去了，房租快到期的时候，我决定搬走。

××科技3岁的时候，它不再是我一个人的了，公司增加了一位合作小伙伴，我的大学同学，隔壁宿舍的刘亚方。他的上一份工作是在焦作的一个机械厂的车间开数控车床。我给他领进这个行业，他也很努力，通宵自学是家常便饭，很快就上手了。2014年开始我们俩在我家里办公，因为距离他住的地方远，不方便，后来他就在他住的地方办公。我每天骑着自行车满郑州见客户，签下单子让他来做，他忙不过来时我也做单子。隔段时间我会骑着自行车去他住的地方跟他碰面商量单子的事情。那时候单子并不多，但是因为只有两个人，成本也低，慢慢开始有了盈利。9月份的时候，刘亚方住的地方快拆迁了，我找了一个小区，错层户型，上下两层，三室两厅两卫共150平方米。××科技开始了一段新的征程，10月7日，另一位小伙伴王维强也来了。

××科技5岁的时候，2016年，公司人数增长至8人，订单量是之前的几倍，但是压力和责任比之前更大了。团队还是很稳定的，但是铁打的营盘流水的兵，有走的，有来的，然而几名核心的老员工一直兢兢业业，是公司的中流砥柱。4月份的时候公司因发展需要有搬家的打算，后来，公司顺利搬迁至A小镇，A小镇是一个创业孵化平台，有着很大的创业空间，环境、地理位置都非常棒，公司的办公环境立马提高了一个档次。公司的发展方向也清晰明确，大家都在为了一个梦想而努力。

5岁的××科技正在慢慢长大，现在的××科技还是个小学生，不可避免地犯了很多错，但终归没有走下坡路，一直朝着好的方向发展。每个年龄段有每个年龄段的烦恼，成长不可能一帆风顺。相信等××科技6岁、8岁、10岁的时候又是另外一番景象，肯定会越来越好的！

4.二级标题式

二级标题式的剪辑式布局，就是在文章的各段上建立一个小标题，小标题就是每段的中心思想。

一般二级标题式布局可以很好地体现文章的脉络，所选取的材料要典型新颖、别具匠心、不落俗套，能显示作者独特的视角及立意；二级标题还要用准确精练的语言突出记叙、议论、说明的内容；二级标题的拟定要有艺术性、提示性，要体现出各部分软文之间的内在联系，使跳跃的内容连成有机的整体。

二级标题不仅要整齐、富有艺术感染力，还要能反映作品的创作思路，写作层面的跳跃性不可太大。

剪辑式布局在很多时候受到一些大中型企业的欢迎，其发展时间较长，可以通过较大的时间跨度让读者了解到一家企业的文化及发展历程，给读者以视觉的感受，更易达到营销的最终目的。

倒三角式布局

倒三角式布局较为简单，简单来说就是全文被分成"三段"，这"三段"是指全文由三个部分组成，这三个部分各自有着各自的作用，可以将产品完整地表述出来。

当然，倒三角式布局不仅需要软文撰写者有着较好的文章布局能力，更要求对产品有驾轻就熟的撰写能力。只有在各部分软文写作中做到"浓缩""交代""观点"，才能真正地将倒三角式布局的软文精髓掌握住，才能更好地进行软文撰写。那么，在撰写倒三角式布局时应该注意哪些问题呢？

1.第一段是软文的"浓缩"

软文的第一段可以用较为简练的语言对事件做一个概述性的描述，再以一句话简单概括出这一事件的意义，这样有利于读者的阅读。也就是说通常第一段要说清楚事件的主体、时间、客体、地点四个方面，如图16所示。

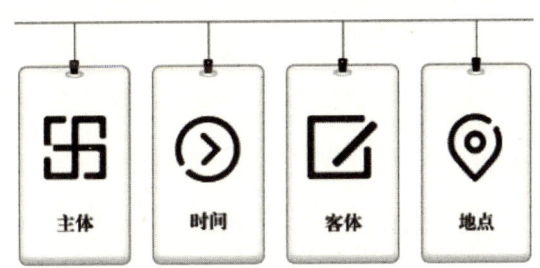

图16 第一段要述说事件的四个方面

2.第二段是软文的"交代"

第二段主要是根据第一段所描述的事件进一步交代事件发生的背景、事件相关的细节，重点在于阐述事件或者产品，以求让读者了解、认识，从而更好地取得消费者的信任，达到营销的目的。

3.第三段是软文的"观点"

第三段主要是对事件提出"观点"，撰写这一段软文的要领在于以发散性思维撰写，把核心事件放到大的市场环境、产业背景及企业自身的发展历史中去写，这样才能在更高、更深的层面体现事件的价值和意义。

综上所述，倒三角式布局能够使软文更好地对产品进行阐述。在软文写作中，要想达到更好的效果，就必须使得产品的阐述上升一个层次，不仅从产品自身来写，还要从更高、更深的层面去体现，倒三角式布局恰恰是这种撰写方法中的佼佼者。

第六章

▶▶ 关键词设定，
巧妙博得搜索
引擎的青睐

在搜索引擎的世界里有一个"常胜将军"，那就是关键词搜索，它也是网络搜索中的主要方法之一。在大家的生活中会经常采用这种方法进行资讯搜索。对于软文撰写来说，关键词是表达软文主题内容的重要部分。因此，关键词的设定是巧妙博得搜索引擎青睐的重要方法，它也成为企业软文提高曝光率和转载率的重要条件。

软文关键词，就是将文章主旨概括成一个词语或者几个词语，短小精悍。在软文推广中，关键词的选择是在软文营销成功与否中占据很大比例的关键部分。关键词作为软文之中的精髓，在文章中起到精神支柱的作用，它自然是网络搜索引擎不得不关注的一件事情。网络推广是软文营销的主战场，只有选好关键词，才能在营销中占据有利地位，也才能为企业带来可观的经济效益。

长尾关键词

在关键词的分类之中，长尾关键词是网站搜索流量的主要关键词方式。长尾关键词一般是一个短句，其典型特征是比较长，往往由两到三个词甚至是短语组成，存在于内容页面。长尾关键词不仅存在于软文内容的标题之中，还存在于软文正文的内容中，更加方便了网民的搜索，加大了其转化率，如图17所示。

图17 使用长尾关键词"郑州高端网站建议"的搜索结果

长尾关键词是许多大中型网站和门户型网站的首要选择。长尾关键词能为网站带来不错的流量，因此，了解长尾关键词的拓展方法成为重中之重。

1.拆分组合关键词

在网站的关键词选择中，很多网站都会选择把目标关键词按照一定形式进行拆分，然后排列组合在一起，产生大批量的长尾关键词。这种做法虽然原创性并不高，性价比不如那些原创关键词，但在一定程度上能够全方位地覆盖关键词，是一种全面撒网式的拓展方法。

2.流量统计工具

在当今互联网时代下，网民的搜索量日益增多。要想了解哪些长尾关键词经常得到大家的使用，使用流量统计工具是最有效的方法，它可以真正获取大量真实并且有效的长尾关键词。借助网站流量统计工具，不仅能分析出网站访问流量的来源，还能分析出当下网民的具体搜索行为，是发掘关键词的重要方法。

3.百度下拉框

这是比较简单的收集长尾关键词的方法，相信经常在各大网站搜索信息的人都有这个经历，如图18所示：

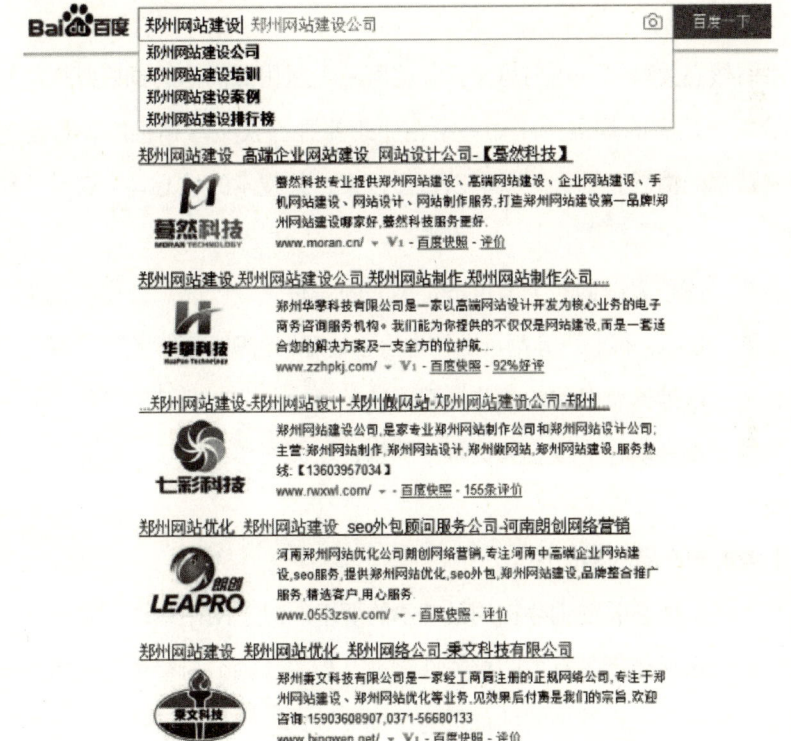

图18 在百度下拉框中收集长尾关键词

4.各大问答平台以及社区

如今互联网的发展越来越快，像"搜狗问问""百度知道""天涯问答"这些综合型的问答平台上，关于各行各业的问答都会有所涉猎。因此，有大量真实用户的问答就成为继搜索引擎后收集长尾关键词的重要拓展方法。

长尾关键词的拓展方法不只有上述这些，其他的类似客服软件、站长工具软件、搜索引擎工具等都可以帮助拓展长尾关键词，从而带来较高的客户转化率，使网站流量不断提升。长尾关键词的挖掘是一个非常烦琐且枯燥的过程，也是需要长期坚持去做的。

核心关键词

所谓核心关键词，顾名思义就是将网站主题用最简洁的词语概括起来，也是搜索量最高的词语。比如一家企业想要进行软文营销推广，肯定要了解软文营销的情况，那么，就可以直接搜索，其搜索的核心词汇就是"软文营销"。

当然，核心关键词的类型也不是单一的一种，"产品、公司、企业、网站、效果、服务、行业"等都可以作为核心关键词出现，甚至有些时候，核心关键词还可以是这个名称的一些属性、特色等，如"……减肥茶""……鸭脖子"等，都可以作为核心关键。那么，软文写作中应该如何选择核心关键词呢？

1.考虑与产品的相关性

相关性是核心关键词存在的最基本的要求。对于网站来说，要想增加点击量，必须选择与产品有关的相关性词汇。相关性词汇与整个网站的主题内容是息息相关的，也就是网站首页的目标关键词。核心关键词要与网站紧密相关，要让网民在搜索时知道你的产品是什么，要为消费者提供什么服务，能给客户解决什么。

2.要根据竞争热度来选择

大家经常搜索的关键词才是最为核心的关键词，搜索次数越多的词汇就代表越受大家的欢迎，与之相反的是就是冷门词汇。选择热门词汇的人较多，使用也较为普遍；而冷门词汇被搜索的机会较小，使用的人也较少。因此，要根据竞争热度来选择合适的核心关键词，以便更好地达到营销的目的。

我们可以根据搜索次数的多少了解竞争热度，可以通过搜索引擎进行观察，数值高就代表竞争度也高。竞争对手的数量在一定程度上决定了核心关键词的选择。可以通过竞价推广数量和推广价格来选择核心关键词，价格高的不一定竞争激烈，但是价格低的竞争一定不会太激烈。

3.根据消费者的搜索习惯选择

核心关键词的选择必须根据消费者的搜索习惯来确定关键词的选择。也可以列出几个核心关键词，换位思考，站在消费者的角度考虑他们会使用哪些关键词，从而达到更好的营销目的。

核心关键词的选择不仅仅在一定程度上帮助企业进行营销推广，更能帮助网站吸引大量的流量，使得软文的转载和阅读数量大大提高。因此，选择合适的核心关键词可以让软文不断被大家阅读和转载，有利于达到营销目的。

辅助关键词

辅助关键词，顾名思义就是对关键词的一个补充解释，是指核心关键词相关的解释、术语、名称等。辅助关键词可以是无数个，最主要的作用就是通过辅助关键词把对网站业务有兴趣的客户吸引过来。辅助关键词不需要考虑是否能促进消费，只要与核心关键词有关都可以罗列在内。

辅助关键词可以是词语，更可以是短语。从网民的搜索习惯中可以看出，大部分人喜欢"什么是……"这一类的搜索短语。例如核心关键词是软文营销，那么其辅助关键词就是"什么是软文营销"。在软文写作中，我们经常根据相应的增删方法得到辅助关键词。

在搜索过程中，辅助关键词就是为了有效增加核心关键词的词频，突出页面的主题，提高页面被搜索的概率，从而增加网站流量。具体来说，辅助关键词有以下两方面的作用：

一方面，辅助关键词可以补充说明核心关键词，提高软文营销的专业性。核心关键词的运用有着一定的局限性，在很多时候不能完全针对一种产品进行营销宣传。要想增加网站页面的相关性，就必须使用辅助关键词，以加深消费者对产品主要特性的了解和认知，加大软文的宣传力度。

另一方面，利用辅助关键词可以有效增加核心关键词的词频，控制关键词的密度，避免为了提高主关键词的词频而陷入堆砌关键词的误区，提高页面被检索的概率。使用辅助关键词可以大大加大网民的搜索概率，使得软文能够最大限度地被阅读和转载。

辅助关键词作为核心关键词的一个补充说明，很多时候需要大量的词语来说明，最多可以收集到200个左右。辅助关键词可以最大限度地对核心关键词进行拓展，加大网站的流量和人均浏览量，不断加深消费者对于网站内容的了解和认知，充实网站内容，加大营销力度。

设置软文关键词
的学问

软文推广者设置关键词，也是一个较大的学问。关键词的设置决定了能否达到预期的营销效果。对于营销来说，企业和公司要想取得消费者的关注，就必须要有质量、有效果的曝光。要想达到这个效果，离不开文章中设置软文关键词的学问。

如何确定关键词

很多时候，推广者需要充分考虑用户的需求和竞争对手的长处后，按照技巧来进行软文关键词的设定。因此，如何确定软文关键词成为软文营销中的一个重要部分，要想确定软文关键词，必须掌握以下几种技巧：

1.选择合适的关键词

关键词是用来描述产品、品牌、服务或者网站的词语，选择合适的关键词是提高消费者搜索率的最基本的一步。选择那些常常被消费者在搜索行业或者产品时所用到的关键词是选择关键词的重要技巧。因此，选择一个合适的关键词是达到营销目的的第一步。

2.理解关键词存在的含义

一般在企业或者公司收集所需要的关键词之前，明白关键词的使用方法是极其重要的。站在消费者的角度进行关键词的设计，理解关键词存在的含义和一般搜索形式，对于关键词的选择有很重要的作用。

3.恰当处理关键词

在消费者和网民的搜索中，一般并不是经常采用一个词语，而是将收集起来的关键进行组合，把它们组成常用的词语或者短语来进行搜索。因此，很多时候，常用的词组或者短语是消费者的常用搜索方式。恰当处理普通的、单个的字，使其成为两个或者三个组成的词成了常用的处理关键词的方法。

4.舍弃无用的关键词

在推广者进行关键词确定的时候，要选择一些被消费者或者网民经常使用的关键词，舍弃一些不经常被大家所使用的关键词，比如去掉那些拼写错误的关键词、停用的关键词等，选择使用最佳关键词。

5.注意关键词密度

一般来说，网络上数以千计的词语成为人们搜索中重要的关键词，那么究竟哪些关键词是搜索中描述产品的重要词语呢？要学会使用网络搜索引擎来进行统计网页上的字数，重复出现的词或者短语都是较为重要的关键词。搜索引擎会利用自身的算法来统计页面中每个词的重要程度，使得关键词密度不断提高，达到搜索引擎优化策略的理想效果。

6.突出关键词

一篇文章要想吸引消费者的注意，与其关键词的醒目程度是密不可分的。在有价值的地方放置关键词，才能让消费者更加容易搜索到软文，达到营销效果。

确定关键词，需要推广者的不断试验和观察才能达到最优效果。只有按照以上技巧进行关键词的确定，才可能让关键词成为软文营销中的一把利器。

如何扩展关键词

在确定关键词之后，企业或者推广者就要开始对核心关键词进行扩展。核心关键词进行扩展和挖掘之后，可以衍生更多的关键词。因此，学会如何扩展关键词成为软文达到销售目的的重要办法。扩展关键词有以下几种方法：

1.使用关键词工具进行扩展

在搜索中，消费者经常有这样一种体验，在搜索一些词语的时候，查询一个核心关键词的时候可以带出几十个长尾关键词和辅助关键词，而当我们用其中任意一个进行搜索时就会得到另外几十个相关的关键词，如此一来就能得到无数个关键词，从而进行关键词拓展。

2.使用相关搜索扩展

经常使用搜索引擎的人都知道，在很多时候，输入想要搜索的关键词，搜索框中会自动显示与此关键词相关的一些词。推广者可以用这样的方式找到搜索量最多的关键词，以此确定软文中所需要的关键词。同时，也可以在搜索页面的最下方看到搜索引擎给出的相关搜索（图19）。

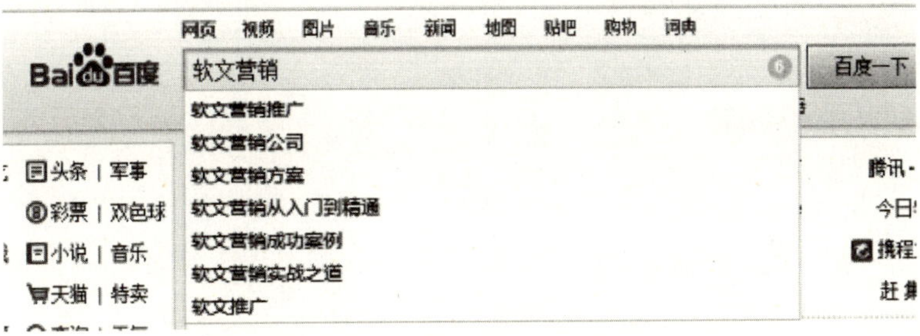

图19　关键词的相关搜索扩展

3.使用其他扩展工具

在关键词的拓展中，有很多工具可以使用。推广者可以用其来进行关键词扩展，达到软文营销效果的最大化。而这类工具通常是使用"追词助手""飞达鲁"等关键词扩展工具。

4.让其他关键词变体或者有所修饰

在关键词的搜索中，推广者经常使用其他关键词变体进行关键词的各种变化。其主要变体方式通常有四种：简写变体、相关词变体、错字变体以及同义词变体，这几种变体方式以及在核心关键词前面加入形容词用来扩展关键词都能够帮助推广者更好地进行软文营销的推广。

5.进行详细的网站流量分析

通过对网站流量进行详细分析，推广者可以了解用户是通过什么方式、什么关键词访问网站的，然后把这些关键词输入搜索栏中，就可以形成更多的关键词，从而更好地进行了关键词扩展。

以上是关键词拓展的具体方法，只有真正将核心关键词不断进行拓展，才能更好地将消费者的注意力吸引到软文之中，广撒网式地来"捕鱼"，达到营销的目的。

软文关键词的布局技巧

　　了解关键词的设置技巧之后，软文关键词的布局技巧又成为软文营销的重中之重。软文中的灵魂部分就是关键词，可以说关键词的成功与否决定了软文能否达到营销的效果。因此，除了要了解设置关键词的技巧之外，还要知道软文关键词的布局技巧，只有这样才能真正使得软文成为营销中的关键因素，发挥其应有的作用。

心得体会插入法

　　在现代软文的撰写中，插入心得体会关键词成为软文创作中最经常使用的类型。也就是通过一些体验和感受来作为软文的切入点，当然，这种心得体会可能是伪体验和伪感受，主要目的是为了引起大家的共鸣来寻找彼此心灵上的契合点。

　　这类关键词的布局方法是关键词过渡中经常使用的方法。在很多软文写作中，推广者会为自己设置一个符合产品宣传的身份，从而自然地引出心得和体会，再自然地顺利过渡到对应的关键词上，这样的诱导方法可以称之为顺理成章法。下面就是一篇标题叫《微商怎么找客源，怎么增加粉丝》的文章就是用了这个方法。

　　大家好，我是××微针完美团队的总代，今天来和大家分享一下微商怎么找客源，怎么增加粉丝的心得。

　　随着时间的推移，很多人都说，越来越难做了，没有市场了。那么怎样才能使得微商更加容易做呢？微商到底应该怎样去找客源和招代理呢？今天我就来给大家来分析一下。

　　微商怎么找客源，首先我们知道，客源决定了你出货的速度，从字面上理解一下，客源就是会买你产品的人，我们称之为精准流量；会考虑你产品的人，我们称之为潜在流量；对你的产品完全没有任何兴趣的人我们称之为无效流量。精准流量我们排在第一位，潜在流量我们也十分需要，那么问题来了，怎么去找到这些流量呢？

　　我相信很多人都听过这样一句话"想让别人'加'你，就必须要给别人一个'加'你的理由"，别人为什么会加你，是因为你能给别人提供价值，提供帮助，不然为什么要'加'你，你想想，你自己'加'别人的时候，是不是会有求于人，或者说这个人手里有你需要的东西，这个时候，你才会心甘情愿地去'加'人家，这里要注意的就是提供价值，要做一个对别人有帮助的人。

　　古语有云："将欲夺之，必固予之。"当别人觉得你手里有他需要的东西的时候，他自然会'加'你。所以大家要学会一点，那就是整合资源的能力，首先要明白自己手里面有什么能够给予别人帮助的东西，你有才？你有德？你有物？合理的判断自己手中的资源，然后整合成为一些理由，一些让别人'加'你的理由，那么有需要的人自然会'加'你，而不需要你去到处去'加'别人，很多微商新手都是这样，到处去'加'人，然后群发广告，然后开始抱怨微商难。

　　这里还要说到另外一个问题，曝光率的问题，曝光率决定了流量的多少、客源的多少。曝光率越大，看到的人就会越多，产品的展现量也会越多。有需求的人看到的概率也会越大，精准粉丝就会越多。那么，我这里要和大家说一下怎么样去展现，现在是一个互联网的时代，展现的方式也五花八门，大家记住一句话：专注永远比杂而不精要好得多，你只需要专精一种平台去展现就好了，因为一个平台足够你玩了，你没有那么多的时间去浪费测试平台，选择一个自己擅长的平台去做，效果往往会好一些。

　　有的人擅长论坛发帖，有的人擅长手机APP，有的人擅长微博，有的人擅长自媒体，有的人擅长公众号，有的人擅长线下等。选择一个你自己觉得很有意思、有兴趣，愿意玩的平台，去钻研，去开拓，你会发现其实引流真的没有你想的那么难。客源也没有大家想的那么难找。比如论坛发帖，这里面又有很多的选项，选择其中的一个去玩，等你玩到一定程度的时候你会发现，论坛发帖都是大同小异的，万法通。就是这个道理。同类型的平台只需要专注一个就好了。

　　那么这里说一下，产品的展现不是让你去发硬广告，而是发软文，因为现在大多数人都对微商广告产生了厌烦，所以你去展现的话就不要发硬广告了，发软文就好。软文其实很好理解，让别人看起来很舒服，既能看到你的产品，又不会让人觉得你是在打广告，朋友圈打广告的人已经够多了，不需要再多增加一个。有句话送给大家：聪明的人赚钱，独特的人发财。保持你的独特性，保持你自己的风格，这才是一名合格的微商。

　　我是××微针完美团队的总代。如果你还有什么疑问，可以和我来交流。备注：免费送你一份独特的引流秘籍。

　　由以上案例大家可以看出，这篇文章采用了心得体会插入法。通过自身微商的经验介绍吸引了大家的注意，同时，也在关键的地方指出了自身微商名字，达到让大家记住的目的。如果消费者能够读下去，就更容易相信这个微商群体，从而达到销售宣传的目的。那么，在软文中布局心得体会插入法时要注意哪些方面的问题呢？

一方面，必须要真正代入有着心得体会的这个身份之中，真正将自己心得体会叙述中自然地过渡到插入关键词，让消费者不知不觉接受关键词的植入，真正让产品的营销在不知不觉中让消费者接受，达到软文的最终目的。

另一方面，心得体会必须能引起消费者心灵的共鸣。只有真正地引起消费者的共鸣，才能更好地引出关键词，达到营销的目的；只有让消费者在自己身上或者未来的生活中切身感受到，才能吸引他们的注意，从而顺理成章地将关键词植入其中，使得软文效果的最大化。

体会插入法的布局技巧究其根本，就是以情动人、情景代入、情真意切。只有真正打动消费者，才能更好地将关键词的布局完美地融入营销之中，达到软文营销的最终目的。

故事导入法

在软文故事的布局中，故事导入法是一种要求极高的软文创作类型。要想通过故事将关键词代入其中，就需要推广者在故事和软文的撰写中掌握适当的尺度，切不可因为过分注重故事的讲述，忽略了软文关键词的诱导。

当然，一切故事都是为了围绕软文本身的关键词来撰写的，简而言之，就是为了关键词量身定做的一个故事。因此，在故事的导入过程中，软文撰写者要时时刻刻在脑海中浮现关键词的概念，任何一句话或者伏笔的埋入都要归结到关键词上。只有这样，才能真正让故事导入法成为关键词布局的有效方法之一。

怀胎十月，在宝宝诞生的那一刹那，我的心中是满满的幸福感。作为一个女人，我一直认为，结婚、生子是我人生最大的幸福所在。这两件大事而我都已完成，我就是最快乐的人，然而，没想到的是……

……

我是一个新妈妈，宝宝今年1岁零2个月。曾经，我一直认为女人只要完成了结婚、生子这两件大事，就可以安心地过自己的小日子了。可事实证明，我想得太简单了……因为，宝宝出生后，我从90多斤的时尚女达人，"华丽"地蜕变成了160多斤虎背熊腰的女汉子！

……

那天，我带着宝宝去街心公园玩，认识了一位同样刚升级为宝妈的小欣，她的宝宝跟我的差不多大，但她的身材——前凸后翘，瘦瘦的，该有肉的地方却一点也不少……

跟她聊了好久，得知她生完宝宝之后也胖得厉害，最后是通过微信上的一位瘦身老师帮她减下来的。几个月了也没有反弹的迹象，而且对身体健康也没有任何影响。于是，我的心里忽然觉得有了一丝希望。小欣回去之后，还把减肥前后的照片发给了我，我心里那个美慕啊！于是我添加了老师的微信……

由以上故事大家可以看出，在这篇文章中"减肥"是其关键词，通过故事中的人物经历带出这位微信瘦身老师的减肥方法，从而吸引了大部分消费者的注意力，一步一步将大家带入这个减肥方法的营销之中。那么，在故事导入法中，如何才能真正将关键词布局中的故事导入法运用到软文之中呢？

一方面，需要软文撰写者在文章的开头部分通过一个故事进行引入，一步步引出关键词，将产品的营销融入软文之中，在不知不觉间将消费者带入软文之中，使得关键词在文章中合理存在，就能更好地达到营销的目的。

另一方面，在故事的导入法中要分清楚主次，故事的撰写不可夸大事实，要将关键词不着痕迹地融入软文中去。故事的导入在一定程度上可以消除消费者对广告的抵抗力，使得消费者对产品有所了解。

故事导入法的关键词布局方式是许多大中型企业所采取的方法，但是随着软文营销发展越来越受到重视，也受到了很多小型企业的青睐。因此，要想真正让关键词的发展达到软文的效果，就要重视故事的导入，只有掌握以上技巧，才能真正让关键词布局为软文增添光彩。

软文关键词的嵌入技巧

在了解了设置关键词的技巧和关键词的布局之后，软文推广者就要学会将关键词巧妙地嵌入软文之中，在植入关键词的时候，一定要做到巧妙、自然、适当、合理，选准时机，真正做到不为植入而植入，也不要通篇都是关键词，以免引起消费者的反感。

关键词数量的把控

有人说，既然关键词在软文之中这么重要，那么，是不是关键词越多越好呢？其实关键词的设置在软文中要把握适量的原则，并不是越多越好。过少的关键词不容易让消费者记住，过多的关键词有太明显的广告植入，容易引起消费者的反感。因此，在软文撰写中要严格把控关键词的数量，争取让软文效果最大化。

当然，有的时候关键词的数量是关键词嵌入技巧的重要方面。关键词数量把控得当能在一定程度上帮助软文实现更好的营销效果。那么，如何在软文撰写中合理控制关键词的数量呢？

一方面，要在网页中出现适当的关键词比例，最好每页在3至5个，这样才能在不引起消费者反感的前提下，将软文的营销效果达到最大化。过多的关键词植入会给消费者带来广告的生硬感，引起消费者的警惕，造成适得其反的效果。

另一方面，在关键词的植入中，关键词的数量的着力点在消费者的兴趣和利益上。要知道，选择完关键词并不代表关键词的存在就能够让软文效果良好，只有在文章中恰当地出现，吸引着消费者的兴趣，不断加深他们的印象，才能更好地让软文在满足消费者利益的前提下达到营销效果。

在关键词数量的把控上，软文撰写者要做到将关键词适量、自然地插入其中，既达到吸引消费者的注意力的目的，又不至于让消费者感觉到广告植入过于明显。

关键词密度的分布

虽然关键词对软文的搜索引擎优化有非常重要的价值，但这并不代表在软文撰写中关键词的密度越高越好。只有合理的关键词密度才能获得较好的搜索排名，才能真正让营销效果最大化。

在搜索引擎中，关键词的密度是排名算法的因素之一，每一种搜索引擎都有针对关键词密度的计算方法，只有最合理、最优化的搜索引擎才能使软文在搜索结果的排名中更为靠前。因此，只有合理安排关键词的密度，才能更自然地植入关键词，达到软文发布的最终目的。在关键词的密度分布上，一般软文撰写者要注意哪些问题呢？

一方面，不要生硬地植入关键词，一般出现两到三个就行，最多不要超过六个，不要刻意、过分地重复关键词，这样会让消费者产生一种硬广植入的感觉，反而得到适得其反的效果。因此，在撰写软文的时候要充分考虑关键词的密度问题，以便更好地进行产品的营销。

另一方面，在软文的撰写中不要在同一行连续两次以上地出现同一个关键词，如果严格按照文章比例来算，在大多数搜索引擎中，关键词的密度为2%至8%是较为恰当的范围，过多或者过少都达不到软文的最佳优化效果。

软文要想达到最佳的效果必须格外关注关键词的密度分布问题，只有密度分布合理，才能在不引起消费者的反感的前提下将营销做到消费者心里。因此，关键词的密度分布情况，是每一位推广者在撰写软文时必须注意的问题。

第七章

▶▶

如何不着痕迹地
植入行动目标

在软文营销中，企业或商家的最终目的是将自己的产品、品牌、服务或其他东西通过营销达到增值的目的。因此，软文的目的就是销售，其本质就是隐形广告，只有在软文中不着痕迹地植入行动目标，才能达到更好的营销效果。

什么是软文行动
的目标

　　软文的行动目标是软文撰写的基本前提，只有确认了软文行动目标，才能更好地撰写软文，利用软文达到营销的目的。一般来说，软文的行动目标有三种类型：一种是为了达成某种特定目的而进行的；一种是为植入广告做铺垫而进行的；还有一种就是广告。前两种基本不需要考虑植入的问题，主要通过文章的中心思想和论据直接用文字语言展现即可，最后一种则需要巧妙地植入。

　　在软文营销实践中，企业或商家经常需要通过一系列软文来达到营销的最终目的。每一篇软文都有一个目的，有时候是为了做好铺垫，在软文撰写中不出现任何广告的痕迹，但这种软文的撰写有极大的杀伤力，无形之中引导着舆论，甚至能引导一种消费潮流，推动一个产品乃至一个行业的发展趋势。

　　当然，很多软文的行动目标并不是产品、品牌、服务的宣传和推广，而是为了营造一种氛围，或者是为了改变一种局面、维护一项正当的合法权益。因此，软文行动目标其实是需要巧妙植入的广告类型。那么，如何巧妙地在软文中植入软文行动目标呢？

1.将产品信息以举例的方式展现

可以适当地展开叙述，但叙述不能过于长篇大论，要做到短小精悍，此类软文目标的植入一般用于平面媒体软文，以求达到较好的网络舆论营销作用。

2.借用第三方的身份进行软文行动目标植入

比如"某专家称、某网站的统计数据、某人的话"等，引用某个领域具有代表性的人或数据都可以作为植入软文行动目标的一大方法，但是这些引用必须建立在真实的基础上。引用的文字不要太多，达到效果即可。

3.以故事解密的方式植入软文行动目标

其实简单来说，就是故事导入加上悬念导入软文的结合。一切故事围绕软文行动目标来进行编写，以植入的广告为线索展开，才能更加容易让消费者接受，虽然消费者也明白这是软文广告植入，但只要故事新颖、有吸引力，消费者还是愿意看下去的。

4.插图以及文章超链接方式植入

互联网的时代也是智能化网络时代，人们需要的信息随时可以在网上搜索到。因此，大多数消费者在买东西之前都会上网进行了解，这时软文可以利用插图及文章超链接的方式将自己需要营销的产品介绍给大家。

软文行动目标究其本质，就是具有传播性、故事性的营销文章。因此，要想真正将产品营销的行动目标不着痕迹地植入软文中，必须做到以上几点，这样才能将产品的营销与消费者的购物心理结合起来，而不至于引起消费者的反感，从而达到软文的最终目的。

撰写软文之前
要精心策划

在撰写软文之前，很多人都会拟定一个营销策划。这个策划必须根据企业或商家的具体情况来进行分析和理解。

实际上，撰写软文之前做精心策划相当于对企业的各个方面进行一次全面梳理和初步的管理咨询。精心策划能帮助软文撰写者在这个过程中更好地了解产品的一系列信息，更加巧妙地将软文行动目标植入其中，并成功地将其宣传推广出去。下面是时值××电商"618"之际的一篇软文营销，标题为《××618，A电视让迪士尼"看"得见，"摸"得着》。

任何人都不能阻挡迪士尼的吸引力，只要还保留着一颗童心，就无法拒绝"迪士尼"三个字带来的单纯美好的童年时光的诱惑。在朋友圈收获了一大堆关于"儿童节快乐"的祝福之后，6月13日至6月14日，你还可以登录××618活动页面，买一台43英寸A电视，让萌萌的A电视陪你，看米奇各种表情耍宝，听布鲁托又怎样把生活搞得一团糟。同时，如果你恰巧在前50名的幸运消费者名单中，你还可以对大礼包中的各种迪士尼衍生产品"左拥右抱"。

"小钢炮"声色配置体验　小世界的大精彩

小钢炮，是火炮家族中最小的一个炮种。迫击炮具有弹道弯曲、死界很小、射速快、威力大、重量轻、体积小、便于机动、结构简单、易于操作、造价低廉等特点。就像《小孩不小歌》中所唱的不能轻视小孩的"小"一样，被称为"小钢炮"的43英寸A电视在小巧的外形之下，藏着一颗强大的内心，令人不容小觑。

尽管所有的电子设备朝着尺寸越来越大发展的趋势下，A这台电视仍采用保守的43英寸的尺寸。在它的高清硬屏屏幕下，是64位处理器，支持4K全系列在本地视频硬的解码，内置独立腔体音箱，加上低至1449元的亲民价格，让这款电视深得市场欢心。

四倍于FHD，八倍于HD的像素点，让小屏幕能够充分展示前所未有的细节，达到视网膜级的视觉体验。房间开间距离较小的用户可以获得更加精细的显示效果；内置的独家专利设计独立腔体音箱，采用仅在高端音响上使用的羊毛振膜，让声音醇厚温暖，以更加真实的临场效果让屏幕里米奇和朋友们的快乐感染到你，体味小孩子世界中的无限精彩。

"科技+媒体"满分，童年欢乐才满分

秉承"对未来上瘾"的品牌主张，A试图通过智能化的终端和服务，为新一代中国家庭提供沉浸式的娱乐体验，引领互联时代家庭生活的新方式，目标成为中国家庭互联网第一品牌。

除了与央广结盟，让A电视作为央广新媒体发展的重点项目，A电视继续在内容上发力，与腾讯进行了合作，加入了杧果TV的综艺内容和CMC旗下的旗舰影业、东方梦工厂、IMAX中国等电影机构的内容。收录超过8500部电影、超10万集好剧，并在每年在线更新600部以上的新片，100%覆盖各大卫视热播剧、热门综艺节目，同步直播中超、世界杯

等精彩赛事，周周有在线演唱会。A的内容在数量和质量上全面领先行业，牢牢锁定互联网大屏端"内容之王"的地位。

好了，快打开电视，享受一下迪士尼的欢乐时光吧。

由以上案例可以看到，在借着××电商"618"的营销浪潮中，A电视在软文之中目的极强地进行宣传推广，为当天的活动营造消费的氛围。可见，在软文撰写之前要做精心的策划，务求达到"天时地利人和"。在软文撰写之前做精心策划，需要考虑以下几个方面：

1.明确软文的"目的"

软文的本质是为了进行产品的营销推广和宣传。软文的存在能够帮助企业树立企业的品牌意识，促进产品的销售。因此，在软文撰写之前要做到全面精心的策划，明确软文的目的，才能更好地进行产品的宣传和推广，只有这样，在软文撰写中才能目的性更强，达到更好的效果。

2.明确软文之中需要实施的营销策略、时间要求和投放渠道

在撰写软文之前，必须明确软文之中需要实施的营销策略、时间要求和投放渠道。就像上文案例中介绍的那样，A电视抓住"618"××电商大促的时间，抓住恰当的时间点和电商正规的投放渠道，实施了一系列措施吸引消费者的注意力，做好了万全的策划准备，因此才能在电商大促中将产品的营销做到极致。

3.根据目的明确软文的撰写角度

要知道，一切企业或者商家的软文都是为了说服消费者进行消费的一种隐形广告手段，说到底，软文的目的和营销策略都是为了使软文能够更好地吸引消费者。因此，撰写软文之前，撰写者要学会将软文的目的和策略做一个梳理，包括行动目标、撰写角度、投放渠道、软文数量等各方面，务必根

据目的明确软文的撰写角度。

　　要想真正地将软文的行动目标不着痕迹地植入，必须做精心策划。因为一个好的营销策划能够让企业的知名度迅速扩大，能够引来大量的关注，从而提高企业的人气。

用完整、高质量的内容体系包裹行动目标

一篇优秀的软文是有灵魂的，这样的软文能够真正得到消费者的认可。要想真正将软文目标不着痕迹地植入，完整、高质量的内容体系是缺一不可的。一篇高质量的软文能够为企业或产品赢得一大批潜在的消费者，能够传达出一种感觉、一种概念、一种深度。

完整、高质量的内容体系是围绕文章的行动目标来展开的。完整的高质量软文除了需要撰写者熟悉产品的性能、了解消费者的心理、研究市场的变化趋向之外，还需要文章有较强的主体化，能够完整地包裹行动目标，主题突出，使软文井然有序、条理清晰。下面是针对电商"618"大战之际，一篇标题为《A，B，C，带头电商大战，D家居网已经准备好了》的软文。

随着"618"的到来，各大电商纷纷疯狂宣传，推出年中大促营销战略，争取抢占先机，吸引消费者的关注。A，B，C，带头电商大战，他们都准备了什么？

A.

今年A推出"618粉丝狂欢节"，主会场以明星海报和4亿购物券吸人眼球。毫无疑问，A主会场专题以粉丝众多的吴亦凡、邓超、黄晓明三位当红明星做专题，确实有噱头还有范儿。主会场背景采用的是海蓝色调，寓意盛夏狂欢，有别于B和C商城主会场专题火热的背景设计。"打开手机扫一扫，5元最高可抵100元"，不难看出，手机APP依然是其启动电商大战的重要手段。

B.

B于每年6月18日推出"品质狂欢节"。"全场任意凑，3免1才购""家居生活，全场低至6.18元"，今天B商城依然打的是价格战略。热销、品牌、特惠、精选……最大让利给用户。有意思的是，B还推出专题"无线专享抢货大攻略省钱宝典教你怎么玩"，从5月23日到6月20日的抢货攻略中帮消费者集合整理购物优惠信息，一目了然。不过看起来也是主推APP的一种手段。

除此之外，B此次推出"翻倍红包雨"，每天四场，"抢钱"先实名，还有100倍翻倍积分卡。重磅手段狂砸消费者眼球，威力也是不小。

C.

而C则采取底价战略"618爆款大曝光，预定5折起"：电子数码产品拼低价，家电拼低价，超市拼低价，百货拼低价，年中大促简直就是全员拼低价。此外C还推出"整点抢红包""任性付6期免息券"等营销手段，与A和C进行对决。低价促销好像永不过时，消费者总是希望"便宜买好货"。打价格战、低价战永远是不过时的商家促销手段。

当然，除了这几家电商积极备战"618"年中大促以外，D家居网也稳抓电商大战之势，于6月12日火热上线。

D.家居网已经准备好加入电商大战

从"1元特权订金=3000元美的空调+三重免费服务"，到"1元抵699元装修款，头一回装修就选699订制精装"，D家居网隆重推"1元特权订金"年中大促装修类促销手段。

价格优势依然是吸引消费者的第一招，装修买家电、买建材、买家具也要省钱。D家居网深谙此理，推出建材类、家具类、家电类等专场优惠，让利客户。"品牌建材周年纪念爆款底价搬走""家具3700元现金券免费拿，满减再折扣"等直接的优惠让消费者更实惠。

众所周知，电商大战线上线下高效链接是优势。因为"线上+线下"实现了资源的高度整合和高效协同，有效降低运营成本的同时，使运营效率大幅提升。线上与线下的协同还能实现更大的采购规模，给消费者带来真正的实惠。D家居网有三百多家的门店，装修团队庞大，供应链体系完善，将会给其电商大战提供最大优势，占据有利位置。

由以上文章大家可以看出，电商狂欢日"618"之际，各个网站准备了一系列营销策划。要想在这个激烈的竞争下，引起大家的注意，就需要真正将有用、完整、高质量的内容告诉大家，才能真正赢得消费者的信任。那么，究竟如何撰写出完整、高质量的内容体系来包裹行动目标呢？

1.选好软文内容的切入点，尽量做到内容简洁明了

要想不引起消费者的反感，引起他们的消费欲望，就需要撰写者将软文需要宣传的产品、服务或品牌等信息完美嵌入软文中去。同时要尽量做到像广告一样用字简练，富有节奏感。因此，在软文撰写时，不能废话连篇，并且必须做到保证故事的完整性，尽量做到字字珠玑。

2.产品功能要形象化，从消费者角度出发

软文要想真正达到和硬广一样的营销效果，撰写时最好使用实例进行举例证明，让消费者清楚了解产品的功能，做到一目了然。只有站在消费者的角度，才能真正撰写出引发消费者购买欲望的文章。

3.软文撰写要具有传播性，扩大受众范围

衡量一篇软文是否合格，软文的阅读数量是非常重要的一个方面，软文被点击的次数越多，说明这篇文章越具有吸引魅力。因此，撰写软文必须要

通过一些合理的方法提高文章的传播性，比如具有争议性的叙述、抓住实时新闻热点、穿插感人故事等，以达到扩大传播的目的，同时能不断扩大受众范围，增加营销的效果。

只有把握软文的撰写要点，才能写出完整、高质量的软文。推广者要想真正做到这些，就要从整体入手，把握软文的写作要求，才能不着痕迹地将行动目标植入软文之中，撰写出完整、高质量内容体系的软文。

找准用户的群体和属性

在软文之中，要想真正将行动目标不着痕迹的植入，必须研究消费者的心理需求，找准用户的群体和属性，真正从消费者的角度来介绍产品，才能更好地实现营销目的。

软文要想达到行动目标，必须找准用户的群体和属性。当然，不是说找不准用户的群体和属性的软文就不能植入行动目标，而是说在一篇软文之中，找准用户的群体和属性有时候可以达到事半功倍的效果。下面是一篇针对企业的软文营销，标题是《互联网让营销成本更低，企业错失了什么机会》。

互联网的发展把用户都聚在了一起，有人的地方就有营销，相对传统的电视、报纸、电话或者线下拜访，互联网营销的成本真的很低。然而对于大多数企业特别是中小型企业来说，容易错失很多机会。在这里，我从企业营销的角度简单聊聊自己的看法。

没有互联网之前，我们的营销是这样做的：大型企业通过电视广告、报纸等方式去宣传自己，时不时地搞一个大型会议，请名人站台。

费用动辄十万、几十万甚至上百万是很正常的事情。中小型企业没有这样的营销预算怎么办？找一些业务员打电话，线下拜访等方式去做营销推广，逢年过节搞一搞促销活动。

互联网发展起来了，信息传播得更快。我们的营销是这么做的：通过互联网平台或者工具更快地把产品或服务信息推送到潜在的用户和客户面前，互联网用户可以更便捷地找到想要的信息或者希望展示的信息。这时候的营销成本是多少，相信大家都很清楚。

大型企业有非常高的营销预算，不管是以前的电视、报纸、会议活动等广告费，还是如今的互联网广告费，大多在自己的预算范围内。而中小型企业却没有这样的好运气，本身就没有太多的营销预算，加上现如今的创业成本越来越低，竞争对手越来越多，产品同质化比较严重（没有核心竞争力）的情况，营销做不好自然无法长期发展。

玩好SEO（优化）和SEM（竞价推广）是比较好的选择。

信息多了，人们必然就会去搜索，搜索引擎这块的流量绝对不是可忽视的，我认为企业一定要做好这一块的投入。至于企业是选择相对便宜（但耗费时间）的SEO方式还是价格较高的SEM方式，就要看自身的情况了。

找到企业自己的全网营销方式降低营销成本。

说起全网营销，很多朋友觉得太大、太重。中小型企业可能没有太大的营销预算和人员配置去做全网营销，但基础的营销方式总是可以尝试的。我在很早以前就给过建议：中小型企业刚接触网络营销时可以从两个方向里先选择一个侧重，一是官方SEO+博客+行业网站，二是QQ+微博+微信。有更多的成本预算和人员配置，我们可以扩展到媒体网站、门户论坛、搜索引擎产品、视频类平台等。

虽然互联网已经发展了那么长的时间，但是大多数中小型企业还是处于观望的态度，即使有了一些尝试，比如看到别人做SEO，招一个编辑发了几天信息就没然后了；看到同行做竞价，去开一个户让开户平台托管；看到竞争对手做广告，自己也砸点广告费，因为没有专业的人员去操作而浅尝辄止，最后也是不了了之。

如果没有独特的好产品，那么短时间玩一玩倒可行。但是现在真的不缺好产品，大家都有好产品的时候，自己的营销和服务是否到位就是关键。互联网营销让成本变得更低，但没有专业的人去操作，转化率不达标，成本依然很高。

在互联网时代下，软文营销是企业发展的重中之重，但是很多企业并没有真正珍惜这个机会，因此，这篇软文营销主要针对的群体就是企业，目标明确，直指受众群体。那么，究竟如何找准用户的群体和属性呢？

1.了解消费者寻求的价值感

通常在消费者的心里，得到别人的认可是一种自我价值实现的满足感。消费也是如此，将产品与实现的个人价值感结合起来才能真正从消费者心理打动他们。因此，在撰写软文时，要学会了解消费者寻找的价值感，并与产品结合，才能更准确地找准用户的群体和属性。

2.满足消费者内心的归属感

归属感实际就是标签，每个人在某个特定的时期都对自己有着明显的定位。每个标签定位下的消费者都有一定特色的生活方式，消费都会表现出一定的亚文化特征。因此，在软文之中，运用归属感来说服消费者，把产品和消费者推的归属感结合起来，才能让软文的行动目标更加符合消费者的购物需求。

3.明白消费者的购物安全感

人人都有寻求安全感的心理。人是趋利避害的，内心的安全感是最基本的心理需求，把产品的功用和安全感结合起来，是说服消费者购买的有效方式。明白消费者安全感的需求，才能找准消费者的群体和属性。

综上所述，只有找准消费者的群体和属性，才能更好地进行用户群体的定位。因此，要想不着痕迹地植入行动目标，研究消费者购物群体和心理需求，找准用户的群体和属相是关键部分。

第八章

▶▶

各平台软文营销该怎么玩

在互联网时代下，随着科技的不断进步，互联网技术在不断提升，网民数量也在不断增加。因此，软文营销在各个网站平台上不断重视，并不断创造着收益。当然，各个平台有不同的受众群体，这也证明要想真正玩转软文营销，就要了解软文是如何在不同平台上进行营销的。

微商已经成为新时代的宠儿，如果说2014年微商刚出现在人们的视野中，开启了微商发展的元年、成名年和野蛮发展年，那么2015年和2016年则是中国微商的成型年、规范化年、有序发展年。至此，微商真正进入中国的互联网时代，成为电商发展的重要一部分。

微商的营销特点决定了它的所有商务活动都离不开软文。如"吸粉"、公关、诉求，乃至重塑消费观念的深度营销。因此，微商营销已经成为当今社会不可缺少的一部分，微商具有区别于其他平台的不可比拟的优势，它成为软文营销中最为重要的平台之一。在自媒体时代，微商软文的特点呈现出了与以往软文不同的新特点。

1.视觉平民化

在微商软文中，其中一个典型的特点就是营销的场景化，也就是接地气，更多地用"我"这个人讲述自己对营销对象的产品、服务的体验和感受，场景也尽量是"人"生活的一部分，也就是说视觉平民化，即营销的场景化。

2.表现娱乐化

在互动互联网中，"80后""90后"是不折不扣的生力军，优越的生活环境注定了其具有娱乐性。所以在微商中进行软文营销，娱乐性的表现手法是必不可少的。通过娱乐化的软文表现，对微商的功能、作用及使用场景做出充分的交代，从而达到营销效果。

3.内容多媒体化

在自媒体时代，尤其是微信社交媒体时代，微商通过微信、微博等载体进行营销，创作者除了要具备文字撰写能力之外，还需要图片、视频、音频等方式的配合。甚至在一些微商软文中，图片才是文章的主体，而不是文字。特别是带有营销目的的软文，为了吸引消费者的目光，为了在娱乐化中影响受众，更是有意将文章图片化，使软文内容的多媒体趋势逐渐明显。

微商软文具有以上的典型特点，微商的出现可以说是一次革命性的商业浪潮。在微信朋友圈中，如果有一张图片或一个标题让你一看就想点击进去仔细阅读，读到中间或者最后才发现是一篇精心策划、创作的营销性软文，那说明你被营销了，微商中软文营销的作用也就达到了。

在社交媒体时代，微商软文并不只是写出来的，更多的是设计出来的。软文需要创作者去策划和创作，设计师在软文创意者的创意下用图形来表现内容，微商的软文营销方式常常会带来意想不到的效果。

微信平台软文营销

　　当今社会，微信已经成为社交使用频率最高的软件之一。面对庞大的用户数量，微信平台上的软文营销应运而生，甚至已经成为众多企业最热衷的一种营销方式。在微信平台的软文营销中，有很多方式使营销做得更好。从根本上来讲，微信就是推送、发送符合受众口味的软文营销方式。

　　微信的营销方式一般来说分为四种方式：自媒体运营、直发、二维码和微网站的方式。而在微信营销中，很多时候都是通过二维码和微网站的方式进行营销推广的。要想真正做好微信平台软文营销，还是要从内容进行策划，也就是做好软文的策划。

　　微信运营在营销方面的成就很大程度上取决于软文的策划。因此，做好微信平台软文营销策划，才能更好地进行产品的宣传和推广。

　　提高企业知名度，微信平台是软文营销成功的基础，但并不是每个企业都适合做软文营销。相对来说，知名度较高的企业更适合这种方法，所取得的效果也更好一些。毕竟微信运营的基础就是需要大量真实的粉丝，而真实的粉丝来源又需要这个品牌有着相当的知名度。而新品牌、新企业的关注人数相对较少，微信营销的力量就相对薄弱一些。因此，企业必须塑造品牌形象，提升品牌知名度，这才是微信平台软文营销的基础。

对内容和文字的驾驭能力是微信平台软文营销成功的关键。微信在很大程度上是在对与自己或多或少有关系的人进行营销宣传，如果你在微信上直接放上产品的图片、款式、码数和颜色等信息，是不会有效果的，相反还可能引起朋友圈的反感。

微信营销的关键还是在于内容的质量。高质量的内容在一定程度上能够引起大家的兴趣，并且引发大量的阅读率与转载率。在营销之中，要想真正吸引消费者，并不需要特别花哨的手段，只要提供给用户最实在、最真实、最喜欢的内容就行了。在微信营销之中，除了所要营销的产品的宣传之外，最好所发的内容与用户的工作和生活有关。

微信中的功能，如视频和语音，是微信平台软文成功的"有力武器"。在微信推送的时候，大家都喜欢刷屏式的推送，但是这种推送方式却很可能引起消费者的反感，要学会真正从消费者的心理打动他们，使他们觉得这个微信有意思、有价值，不枯燥无味。你可以加入一小段企业的视频或者语音，也可以聘用影视界人士或者企业的领导人进行录制，使其影响力大大提高，效果也会更好。

当然，将微信功能扩大化是必不可少的，作为企业的营销利器，微信营销中可以设专人负责微信客服，拓展微信的功能，增设价格查询、产品故障申报等，真正和用户做到明确沟通、互动，了解推送对象，提升消费者的信任度。

微信平台的软文营销不同于别的营销，它是与自己的交际圈密切相关的营销方式，因此微信中的软文相比其他平台来说，可信度更高，成功率也更高。这就对微信中营销提出了更高的要求，必须要用高质量、值得信赖的产品来维护好这个微信营销产品的粉丝圈，更好地进行营销，扩大宣传，使微信营销有更强的分享性、趣味性和价值感。

微博平台软文营销

现如今，微博已经成为人们了解第一手资讯的一个重要方式，它也是一种重要的社交网络平台。以短短的一百多字更新信息，实现了即时分享。微博平台的软文营销在一定程度上是营销范围更广的一种方式，对企业的宣传和营销能起到更好的作用，做到了实时交流和即刻分享，更能展现产品的最新动态。

微博平台的软文要想引起大家的兴趣，达到阅读、转载的效果，就要求内容必须有趣、真实、专业，有着一定的代表性，否则是达不到营销目的的。因此，在微博平台的软文营销中要注意与粉丝的互动性，才能更好地让微博营销达到效果。

刚刚过去的2016年六一儿童节，赵××发微博为女儿拉票在网络上引发不小的讨论，微博的字里行间透露出赵××对女儿的深深父爱。××魔盒联手微博"随手拍"在六一儿童节发起话题"我的童年这魔样"共同关注山区留守儿童，同样引发了不少网友的关注和对童年时光的追忆。随手拍官方微博更是扒出了一组当红影视界人士的童年旧照，引发网友积极参与，将话题推向一个新的高潮。两天的时间，话题阅读总量突破2.2亿次，通过线上主题活动的推动，××魔盒的品牌曝光度和知名度远比单纯的营销活动要大得多。

微博作为在营销方面有着较大和较多使用用户的平台，不仅仅是因为它的门槛较低、成本较低，容易拉近大家之间的距离，适合任何企业去做营销；更是因为微博平台的软文营销覆盖面较宽、传播性强，能够帮助企业在较短的时间内有针对性、专业性地传播信息，实现和用户之间较强的互动性，真正做到了企业和消费者之间的零障碍直接交流，从而产生最有价值的信息，达到营销目的。

那么，如何更好地在微博平台上进行软文营销呢？

1.产品广告务必"软"一点

软文之所以能达到营销的目的，一般来说，在微博中需要将广告营销做得"软"一点，而不是直接发布赤裸裸的产品信息进行营销，容易引起消费者的反感。因此，在微博平台的软文营销中，务必将产品广告营销做"软"一点。

微博营销的成功与软文的存在密不可分。在信息不断更新和爆炸的今天，我们几乎无时无刻不在看到五花八门的硬广告，消费者对此类广告的宣传已经见怪不怪，硬广告丝毫吸引不了他们的兴趣。因此，要想使营销效果达到更好，就必须尽可能地把广告信息巧妙地嵌入有价值的内容中去。这样的营销方式不仅有着较强的隐蔽性，更为消费者提供了有价值的东西，因而能达到更好的营销效果。

2.语言灵活

在微博中进行软文营销，对语言的要求不高，风格较为活泼就行，和网络时代语言要求相匹配。因此，可以使用最新、最热门、最流行的词汇来吸引大家的注意力，以达到营销的目的。当然，信息更新的频繁也要求内容更新要勤，要不断提高更新频率，以不断吸引广大消费者的眼球。

3.微博内容多样化

微博粉丝的多少与阅读率和转载率有着重要的关系，为了不断吸引更多的粉丝，来达到营销目的，必须想方设法提高微博内容的热度，尽量发那些容易引起转发、回复、评论的微博，增加粉丝量和粉丝黏度。

因为与当红人气偶像××有了一次亲密接触，位于上海外滩中山东一路的一只邮筒成了他的粉丝们的新宠。从××发完微博后的一小时开始，大批粉丝前来与这只"网红邮筒"合影，不论白天、晚上，这里一度排起了长队，甚至"连收发信件都比平时多出数倍"。

在这只"网红邮筒"走红后，中国邮政联合随手拍，通过发起"随手拍邮筒"话题，掀起网友又一波的关注热潮，再次将话题推向第二次高潮。"随手拍邮筒"话题推广一周内突破1.4亿次的阅读量，日均增长两千万次。借助明星效应引发网络热门事件，中国邮政的借势行动十分成功。传统品牌借助明星效应，通过社交网络在短时间内迅速聚集的超高人气和话题讨论度，令品牌集中曝光，用户喜好度也得到极大的提升。

由以上案例可以看出，微博借势有时候也能达到意想不到的效果。当然，微博的可选内容较多，可以原创，也可以转发。但必须通过这些内容让粉丝感觉到微博的真实性，赢取他们的信任。仅仅是复制、粘贴，单纯发布企业信息或者营销信息是不能取得用户信任的。

综上所述，微博平台的软文营销相比微信营销，广告性会更强一些，顾虑也会更少，但是这并不代表微博就可以直接进行产品的营销与推广，只有做到以上几点，才能在微博的软文营销中做得更好，达到软文营销的最终目的。

社区平台软文营销

客观来说，自从有了微信、微博等社交软件，社区平台的软文营销热度就大大降温了，社区平台的营销作用更是大大削弱。但是这种情况只是针对大多数社区平台，那些强势社区可以在激烈的营销环境中占据一席之地。

大多数社区尽管受到新的营销平台的冲击，但它还是有需求的。在一定程度上，社区和论坛的要求和营销效果是类似的。因此，在社区平台进行软文营销既要和论坛有一致的要求，又要有自己特殊的优势。

一方面，社区平台软文的撰写和多数形式的软文一样，都需要吸引读者的眼球，需要考虑到大众的心理，利用一些比较有讨论性的、新奇的、有趣的话题，这样写出来的内容具有一定的可读性，才能使得读者更有兴趣继续阅读，进入软文撰写者的营销中。软文的内容决定了软文的生命力，倘若软文能够引起读者的共鸣，达到事半功倍的效果就不难了。因此，在撰写社区平台软文的时候，需要抛开营销广告的想法，实实在在地站在消费者的角度出发，考虑他们的需求，这样的软文就能在社区平台上脱颖而出，赢得掌声和追捧。

另一方面，软文在社区平台的发布形式需要有所修饰。企业发布社区软文时要运用社区平台的一些形式和技巧，比如用户的头像信息可以用企业的LOGO或者产品的图片，让读者一看就知道是哪家公司的产品或者网站，在不知不觉中将营销植入消费者的心里。

　　社区平台的软文营销是一个需要长期追踪和更新的过程，切不可因为一时的效果不理想就轻易放弃，日积月累会有一个庞大的数据，效果也会越来越好。因此，在实际操作中，企业要不断总结和发现，这样才能使软文营销的效果更加显著，增加企业的效益。

论坛软文营销

论坛软文营销是借助论坛平台，通过文字、图片等方式发布企业的产品和服务信息，从而让潜在消费者和目标消费者了解产品及服务，最终达到企业宣传品牌、加深市场认知度的网络营销目的。论坛中的软文一定不能太像广告，务必注意其营销的方式，否则会面临被论坛版主删除的危险。

论坛软文营销之所以能够成为企业重要的软文营销根据地，不仅是因为论坛有较高的人气和聚众力；还因为论坛的营销成本较低、见效快、传播广，可信度也较高，且对企业的营销有较强的针对性。因此，论坛软文营销是企业较为重视的方式。

只有学会一个前提、两种选择和三种策略，才能使论坛软文营销达到更好的营销效果。

1.论坛账号维护是前提

相信经常逛论坛、玩微博的人都会有这样的体验，当我们决定在某个平台开展营销活动之后就要注册账号。在论坛中，一个企业至少要注册一个官方账号，以及5至30个"马甲账号"。这样可以在账号被封的时候用另一个替补，而且一些账号之间还可以相互回帖、顶帖，还可以在内容相互矛盾时使用不同的账号，真正达到营销效果最大化。

2.论坛与板块的两种选择

在论坛的选择方面，企业必须要选择精准性高、人气旺及用户黏度较强的论坛，这可以从一个论坛的总用户数、在线用户数、热门板块的文章浏览量和回帖量等来判断。因此，在选择论坛的时候要选择建立时间较长的论坛，根据论坛的具体情况进行软文撰写和营销，实现论坛软文营销的最大化。

板块的选择较为简单。每一个论坛都会有自己热门的、非常活跃的板块，这些板块中的文章本身发帖和回帖都比较多，人气也较高一点。相应地，潜在消费者也较多。所以，企业的软文撰写可以根据这个板块中已有的文章进行。把帖子发在热门板块，软文的阅读率和转载率会大大提高，可以更好地达到营销的目的。

3.论坛中软文投放的三种策略

在论坛中，含有品牌关键词的帖子是肯定会被删除的，因此，第一种策略就是软文中不能含有产品或者品牌的关键词，只能等帖子有了一定的浏览量之后才能修改软文内容，使其含有相应的品牌关键词。当然，此时可能还会有部分帖子被删除。

论坛中软文的内容可以不含品牌的关键词，但是可以在软文下面的评论中用其他账号提出含有品牌或者产品名字的问题。这种评论要做到保持在消费者面前的曝光率，既不能太靠前，有着广告的嫌疑；也不能太靠后，那样达不到营销的目的，最好保持在评论第一页的中间位置，才能达到最优效果。

最后就是在含有关键词的评论下，用小号进行回复、讨论，制造帖子火爆的表象，吸引起大家的兴趣，不断创造话题，为论坛增加点击量。这样做即使后来论坛管理者发现文章有广告的嫌疑也不会随意删帖，从而达到营销的目的。

博客软文营销

　　随着互联网的不断发展，博客的使用频率逐渐被微信、微博等平台不断分解，但还是有对其重视的用户和使用人群。所以博客软文营销就成为企业或个人发布并更新企业或个人信息的场所，在博客中关注并及时回复相关疑问及咨询，可以达到宣传的目的。

　　博客之所以受到众多企业的重视，是因为其有着其他网络营销工具所不具备的稳定性，并且能够在很大程度上帮助企业获得话语权和权威地位以及信息发布的主动性。博客文章可以直接植入企业网站链接，增加了用户通过搜索引擎发现企业信息的机会，不但可以大大降低企业成本，还可以为企业带来潜在消费者。

　　在博客软文营销的撰写中要注意很多问题：

　　首先是在博客软文的撰写时，关键词密度可以植入得大一点。博客限制较小的特点使得其文章被删除的概率比新浪、网易这些门户网站小得多。因此，关键词植入时可以排除对这个问题的考虑，但是也必须做好文章内容，以免引起消费者反感，减少转载率。

　　其次是文章必须有一定的价值，只有适合转载的文章才能在博客中更好地进行营销。这类文章一般是具有典型的收藏价值和实用价值的文章，能在某些方面给消费者以一定的思考和建议，可能是经典的、富有哲理的，或者幽默的、搞笑的。这样的文章才能吸引大家的兴趣，引起大家的转载。

最后就是在博客软文营销中，文章按照圈子发文，内容才能够聚焦。一个热门的博客圈子中的网友可能数以万计，相同的爱好将大家聚集到一个平台，这个时候将文章积极推荐到那些与博客主题相关的圈子中，会最大范围地被阅读和转载，但是对其内容就提出了一个要求，那就是文章的内容和博客的主题都要是集中的。但凡知名博客，其内容都是集中的，这样更容易受到大家的信任，更易被转载。可见，软文的内容不能脱离博客的主要定位，只有这样才能更好地达到营销目的。

网店软文营销

　　网店的软文营销，相信大家都不陌生，此类软文就是在电子商务网站中描述产品的软文，其销售目的最为直接，也可以写得更"软"。撰写此类软文，需要说明三个问题：产品的优势是什么？为什么要从你这里购买这个产品？为什么要立即买？这就是网店软文的主要内容。

　　下面是网店的一篇经典软文，标题为《用鞋走出来的爱情长征》，讲述了一款流苏鞋成功维系了一对自身条件悬殊较大的恋人之间的关系，该软文以故事叙述的方式吸引了消费者的兴趣，从而达到营销的目的。

　　在暖暖的冬日阳光下，在教堂悠扬的钟声下，在走廊上布满白玫瑰的海洋中，在飞舞的粉红气球的簇拥下，我们终于走到了一起。我们的爱情长征总算有了结果，望着肃穆的教堂，触摸着他那双紧紧牵住我的手，一切仿佛又回到了从前……

　　我大学毕业后，在一家外贸公司工作，身材高挑、五官清秀，在公司也算是一名美女，追求者自然是不少。而他呢，只是高中毕业，长得也极为平凡，开着一家小店，勉强糊口。很多人看来，我们都是那么不相配，朋友们总是叹息着劝我放弃，妈妈更是又哭又闹，说我要跟他在一起就不要回家了，似乎我要嫁给他就是犯了滔天大罪。

在那些左右为难的日子里，我也想过放弃，但却一次次地被感动。我不会做家务，特别是做饭；他一个大男人每天对着菜谱研究，所有我爱吃的菜他都会做，我不爱吃的他也会想着法地做成我喜欢的口味，看他系着围裙在厨房忙得满头大汗，我想那就是幸福的味道吧！

这些还不算什么。最可贵的是，他总是想着办法呵护我们的爱情。他每个月都要给我送一双精美的女鞋，各种款式、各种牌子的。他知道我爱运动，就给我送来板鞋、跑鞋，每次都给我带来不小的惊喜。每个冬季，他都特意为我挑选新颖别致的流苏鞋。当他第一次给我送流苏鞋的时候，我很惊诧，我问他怎么知道我喜欢流苏鞋，他诡秘地说："在你日记中看到的。"原来，他早就偷看了我的日记，知道我很早就梦想着在冬季的雪地里与心爱的恋人追逐嬉戏。就在他送我流苏鞋的那个冬季，我们特意选择在一个大雪天一起溜冰，一起在公园散步。穿着流苏鞋，靠着他的肩膀，内心那种甜蜜而踏实的感觉至今难以忘记。后来，习惯了他送的鞋，我再也没有为自己买过鞋，一直到今年这个冬天。细心算起来，他给我送的流苏鞋已经有六双了。六双流苏鞋见证了我们坚定的爱情足迹。在结婚前夕，他又从网上给我们各自买了一双跑鞋和最新款式的流苏鞋，我问他为什么买这么多，他说："跑鞋是等我们结婚后一起锻炼用的，流苏鞋是让你穿着走进教堂用的。你穿流苏鞋的样子是我印象中最美的样子。"我说："买这么多鞋，一定很贵吧？"他说："不贵，不贵，我是××商城的老主顾，那位店长早就给我打6折了。"看着他得意的样子，我问他为什么老是给我买鞋，他深情地说："你每天都要穿鞋子，让你看到脚上的鞋子就会想到我啊！"我感动得几乎快要流泪了！

如今，我不再美慕郎才女貌的眷侣，我只想紧紧抓住他的手，和他一起在大家的祝福声中，穿着他给我买的流苏鞋，一步步走向美好的明天……

由以上案例可以看出，这个故事性软文的存在让大家产生了对这双流苏鞋的兴趣，从而达到了商家销售的目的。所以善于从消费者身上挖掘故事，或者虚构消费者与产品相关的故事，可以让读者对产品产生好奇心，进而产生购买的欲望。

在营销上有一句经典的话，叫"无事件，不营销"，可见事件营销在商品营销中的重要性。作为营销的一种方式，事件故事软文同样也可以起到巨大的推广作用。因此，在网店进行软文营销的时候，故事性的叙述方式通常会达到意想不到的结果。

当然，网店的软文在撰写的过程中如果能够解决消费者的信任度问题，那就更容易取得消费者的信任。比如产品有了质量问题怎么办？产品的背后有哪些东西能够更让人信服？这些文字的出现能够更好地达到软文营销的目的。当然，这些文字最好能够独立成篇，与图文配合，一起展示在网页上，销售率才能不断提高。

站长网站软文
营销

在站长网站类软文中，其主要目标是增加网站流量，提高客户转化率，这类网站大多数更看重外链。当然，与众多企业网站不同的是，门户网站所携带的信息量是十分巨大的，很多时候能够以磅礴的气势凌驾于众多企业网站之上。因此，在站长网站上做软文营销，有相当大的优势。

在站长网站的软文营销中，网站有着很强的权威性。在这些网站上发布新闻、软文，能够有效提升企业和品牌的形象。那么，如何选择站长网站进行软文营销呢？应该注意什么问题呢？

一方面，在站长网站的选择上，要尽量选择那些权威媒体，同时也要考虑网站的日访问量、网站的主题定位，以及网站最活跃的板块是哪一个，网站的高峰访问时间和网站主体是否是营销产品的主要消费者群等问题。只有这样，才能在软文营销中帮助企业提高网站权重，增加权威性和品牌知名度。

另一方面，要做到根据项目确定媒体。针对门户网站的软文投放一般采取付费的方式。因此，在选择网站的时候要了解投放的费用问题及投放的软文数量问题，设置主题页面的费用问题，是否可以植入链接、企业网站等问题。但是切不可盲目追求综合型门户网站，因为并不是所有的软文都适合投放综合型门户网站的。相对而言，精准化投放更适合让企业找到最佳的消费群体。

当然，站长网站软文营销除了谨慎选择网站之外，还需要注意其软文撰写方法，了解软文撰写技巧，重点做好软文营销的策划、撰写环节，从而吸引大家的兴趣，实现销售率的不断提升。

第九章

▶▶

九大软文推广
技巧，让软文营销
事半功倍

软文推广要想达到较好的效果，离不开软文推广技巧。选择合适的媒体，做好内容的策划、写作等，都是软文推广中必须考虑的问题。只有真正将软文推广技巧和软文推广相结合，才能让软文营销事半功倍。

提炼品牌优势，策划软文写作主题

　　在软文营销中要提炼品牌优势，策划软文写作主题是让软文营销达成事半功倍效果的第一步，也是较为关键的一步。在提炼品牌优势的过程中，提炼并放大品牌的优势是作为品牌宣传中所有宣传软文的核心内容存在的。只有真正了解了品牌的所有优势，才能更好地让软文达到营销的目的。

　　在策划软文主题时，分析品牌的优势，了解其处于的导入期、推广期、发展期、成熟期，最主要的是了解品牌所要面对的现阶段的人群特点，了解消费者购买的主要心理需求，明白整个市场的导向目标，才能更好地进行产品的软文撰写和软文宣传，达到营销的目的。

　　其实大部分企业在进行品牌的营销宣传的时候，都不能很清楚地表达自己品牌的完整优势和市场竞争力。因此，只有针对市场的反馈以及企业在这方面的资金投入，确定好每个月软文的写作篇数和发布数量，配合市场活动，才能更好地确定软文主题。

　　宣传品牌的优势是吸引消费者、打动消费者、击溃消费者心理防线的第一步。要想真正提炼品牌的核心优势，要从以下四个方面来分析（图20）。

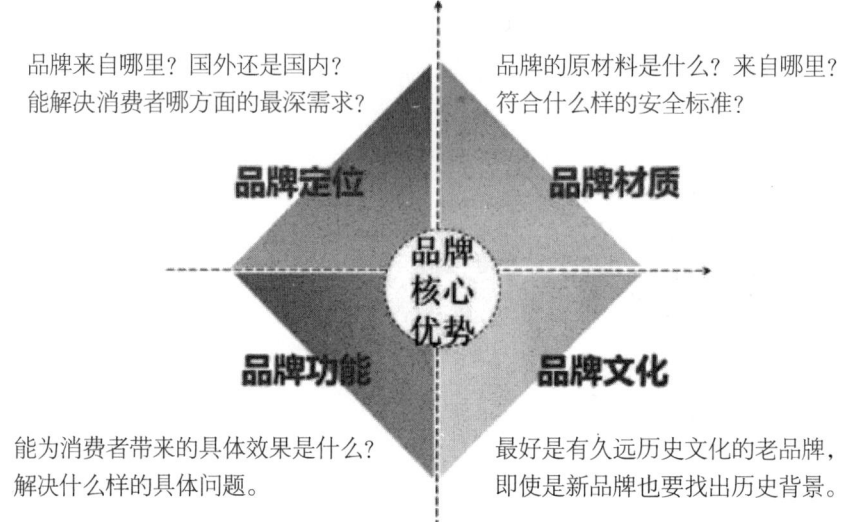

品牌来自哪里？国外还是国内？
能解决消费者哪方面的最深需求？

品牌的原材料是什么？来自哪里？
符合什么样的安全标准？

品牌定位

品牌材质

品牌核心优势

品牌功能

品牌文化

能为消费者带来的具体效果是什么？
解决什么样的具体问题。

最好是有久远历史文化的老品牌，
即使是新品牌也要找出历史背景。

图20　分析提炼品牌的核心优势从四方面入手

1.品牌定位

首先要对企业的品牌有所了解，即品牌来自哪里？国外还是国内？清楚品牌所要面对的消费人群，才能在软文的品牌撰写中更具有优势。因此，清楚并且知道自己的品牌能解决消费者哪方面的最深需求是品牌定位的关键部分，也是提炼核心品牌优势的重要开始。

2.品牌材质

在当今社会，人们对于安全问题格外重视。要想真正让产品取得消费者的信任，品牌的原材料是什么，来自哪里，都是必须要让消费者了解的。尤其是关于产品的原材料符合什么安全标准，比如得到国家乃至于全球的安全等级标准都是需要在软文中提到的，从而取得消费者的信任。

3.品牌功能

作为一个产品，最重要的存在价值就是其功能。要想让消费者产生购物的欲望，就必须在软文中让消费者了解产品能为消费者带来的具体效果，能够解决什么样的具体问题，这才是提炼核心品牌时最关键的一步。

4.品牌文化

品牌在营销之中可以借助的一大优势就是产品或者公司发展的历史及文化。因此，在提炼品牌核心优势的时候，要着重说明公司是有久远历史文化的老品牌，这样就更为容易取得消费者的信任。当然，即使是新品牌，也要善于从中找出其历史背景。

核心品牌优势在很多时候都能够使软文营销达到更好的效果，当然，也是为了展现出自己品牌与同类产品相比中不可替代的优势。只有这样，才能准确地提炼出品牌优势，策划出软文营销的主题，达到软文营销的最终目的。

确立营销目标，
准备论点论据

在软文营销的推广中，软文在进行产品的撰写宣传时，首先要确立的就是营销目标，在软文的撰写中要以中心论点为核心，才能更好地阐述产品营销的主题。中心论点的确立必须要有分论点和论据来策划文字提纲，让软文推广达到事半功倍的效果。

在很多时候，软文的作用就是为了树立企业形象、宣传品牌的优势、进行市场促销、公关维权、行业提升、打击对手、更新企业动态等。只有真正将软文写好，才能使其作用最大化，才能让产品营销真正深入人心。

在确定营销目标时，有时候为了更好地达到软文营销的目标，需要软文撰写者策划提纲，也就是需要把马上要撰写的软文进行大致划分，即大概分成几个段落，每个段落的基本内容是什么，各段落间是否应该连续，与主题是否呼应等问题，争取达到让软文营销的推广更加有效，达到销售的目的。

最后，除了确定营销目标之外，准备软文之中的论点论据也是软文推广者格外需要关注的问题。论点是营销目标的概括，能突出要表达的核心思想，论据是证明主题正确的资料，是丰富各个段落的主要内容，准备好论点论据，能够更好地帮助软文进行营销推广。

**标题有亮点，能
成功吸引消费者**

在软文营销推广中，一个好的软文标题可以使软文成功率高达60%。好的软文标题具备推广功能，具备杀伤力、诱惑力和领导力的夸张词语能直接表达出品牌的功能优势。因此，在软文标题的撰写中，标题要有亮点，才能够成功吸引消费者，达到软文营销推广的作用。

标题作为软文的第一扇窗户，可形成消费者对于软文的第一印象，决定了消费者是否继续阅读下去。人类天生有着好奇的本性，标题的亮点可以帮助消费者更快速地从大量的信息中找到符合自己兴趣的文章，成功吸引消费者。

软文标题的价值在于，使消费者在阅读正文之前就对软文产生阅读兴趣。因此，能够在第一时间抓住读者眼球的标题，才是软文写作需要的技巧。那么，如何在软文标题中突出亮点并吸引消费者呢？

一方面，要做到内容点睛，融入关键词。标题是一篇软文的窗户，读者会通过这扇窗户进入软文内容之中，因此，在软文标题的设计之中，软文标题要学会插入具有吸引力的词语。同时，通过文章主题与相关性融入关键词，只有这样，用户才能根据搜索引擎和标题，更精确地找到自己所需要的内容或者感兴趣的内容。

另一方面，标题要简洁明了，多用问号也是吸引消费者注意标题的常用方法。标题作为文章的简单梗概，切不可给用户以冗长的感觉，否则容易引起消费者的反感，产生不了阅读软文内容的兴趣。而多用疑问句和反问句能够引起读者的兴趣，让他们对软文产生一种寻求答案的心理，从而继续阅读，实现将软文营销推广出去的目的。

标题的写作技巧是软文推广写作技巧的重要一步。只有真正做到以上两个方面，才能真正让标题吸引住大家的兴趣，从而产生浓厚的阅读软文的兴趣。标题就像"脸面"一样，切忌标题不清不楚、不温不火，必须要在第一时间吸引读者目光。

善加利用数字进行营销定位

数字是帮助软文进行营销定位的一大利器，只有真正将数字运用到软文之中，才能让软文具有更强的营销推广功能。了解数字的特点，并配合软文进行一定的营销推广活动，可以更好地进行产品宣传。那么，如何利用数字进行营销定位呢？

1.数字要醒目突出，效果性强

软文营销的主要目的就是为了通过软文抓住消费者眼球，让他们对产品产生深入了解的想法，从而达成销售的目的。一些经常被使用的标题如《2016年上半年最赚钱的十大职业》等，都能够吸引大家的注意。数字要醒目突出，吸引住消费者的目光。

2.数字要配合产品特点，时效性要强

在软文中，数字的存在可以配合产品的特点进行宣传营销，时效性强的数字更容易取得消费者的信任。因此，在软文的撰写中要善于利用数字进行营销定位，才能不断加强软文营销推广的能力。

3.要用阿拉伯数字，聚效性强

消费者购物时对数字的敏感度是其他任何时候都不能比拟的，阿拉伯数字的聚焦性强，极其容易引起消费者的关注，从而让他们产生阅读的兴趣，一步一步地走进推广者的营销之中，达到销售的目的。

4.数字要引起消费者共鸣，威慑性强

在利用数字进行营销定位的时候，可以选择利用数字引起消费者共鸣，达到较强的威慑性。很多时候，再多论点也不能让消费者切身感觉到其证明方式，而用数字进行表达就可以让消费者有切身体会，达到较强的威慑性。

5.数字要触碰潜在需求，刺激性强

很多软文会经常使用数字来触碰潜在需求，刺激消费者进行消费。在软文的撰写中，经常碰到类似的标题，如《这件衬衫的销售已经破万件啦！》等，能给消费者以紧迫感和刺激感。

善用数字进行营销定位除了要达到以上要求之外，还必须以事实为依据。俗话说"失之毫厘，谬以千里"，数字不仅是代表简单的几个阿拉伯符号或者几个数据，而是代表一种真实发生的现象，有时候比文字更能说服消费者，取得消费者的信任。因此，在软文创作中善加利用数字进行营销定位，才能达到更好的营销效果。

引题要具备极大
的杀伤力

　　软文的第一段也就是引题，要具备极大的杀伤力，要能在文章的开始点明主题，引起消费者的兴趣，让消费者产生继续阅读的欲望，逐步在软文营销中达到产品宣传和营销的目的。这样才能让软文营销推广更好地进行，达到事半功倍的效果。

　　要想真正在引题的撰写中产生极大的杀伤力，首先要让读者有看完的兴趣，也就是说在文章的开始就要吸引住消费者的注意；在文章的开始可以选择适当引用热点话题和事件；软文的开始要具备创新性、故事性和可读性，让消费者产生好奇，有读下去的欲望；软文还必须做到首尾呼应。总之，文章的第一段必须切合软文的营销主题，能够合理引出全文，使得文章接下来的部分能够让消费者产生兴趣，才能达到软文营销推广的作用。

　　引题的撰写除了要注意以上几点之外，还有一些需要避免的问题（图21）。

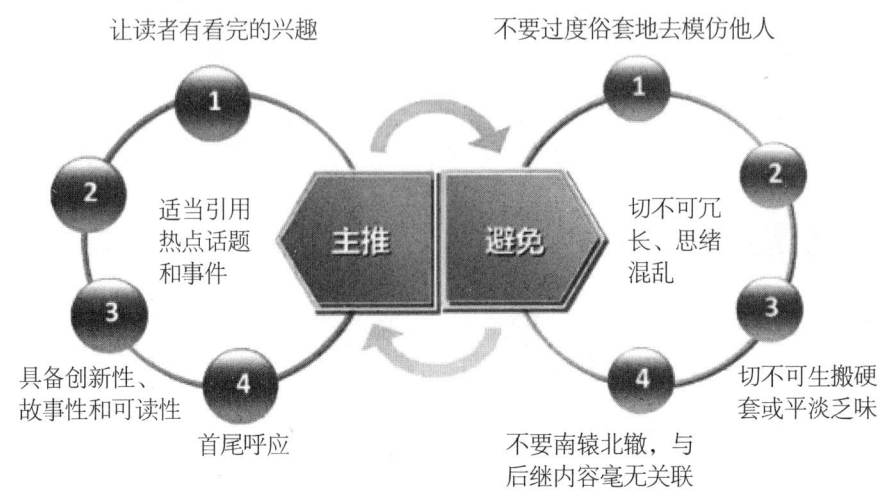

图21　引题撰写中的注意事项

1.不要过度俗套地去模仿他人

在信息爆炸的时代前提下，"天下文章一大抄"已经成为网络信息泛滥的主要原因，伪原创文章比比皆是。但是软文作为一种产品营销手段，伪原创是没有任何含金量的。因此，在文章中尤其是文章第一段的引题部分，切不可过度俗套地模仿别人，以免引起消费者的不满。

2.切不可冗长、思绪混乱

作为文章的开始也就是引题部分，在撰写时一定要思路清晰、简洁快速地引起消费者的注意，吸引他们的兴趣，从而让他们产生继续阅读的欲望。如果引题中说不清重点，不能与产品的营销目的相呼应，可能会让消费者产生不好的印象。

3.切不可生搬硬套或平淡乏味

软文之所以能够达到营销的目的，在很大程度上都是由于其文章比较"软"一点，趣味性较强。因此，撰写时必须要与软文风格相符合，灵活性、趣味性要强，不能生搬硬套，造成引题平淡乏味。

4.不要南辕北辙，和后续内容毫无关联

有时候，为了吸引消费者兴趣，撰写者只顾创新，写出与文章主题甚至是后续文章内容毫无关系的引题，不仅达不到营销的效果，还可能让消费者质疑其专业性，使软文的效果适得其反。

引题作为文章的开头部分，写得好与坏直接决定了消费者是否会继续阅读文章，走进撰写者的营销之中，也决定着产品营销的成功与否。因此，在软文撰写时，一定要将文章引题写好，巧妙结合产品的营销，要让引题具备极大的杀伤力，让软文营销达到事半功倍的效果。

在软文的撰写中，除了标题要有亮点，能吸引消费者之外，小标题的选择也需要软文撰写者格外注意。小标题在一定程度上也属于文章正文中的一部分，起着引领文章主线的作用。因此，在小标题的撰写上要充分考虑文章的整个布局，这样才能更好地让软文推广技巧为营销服务。

小标题和正文段落是互相依存的关系，因此，在撰写中要两者结合、巧妙融合，还要注意以下两个问题：

一方面，文章段落要紧扣标题进行表述，每一个小标题都要与文章中的段落相对应，要与之对称，做到层级分明、段落清晰。只有这样，小标题才能与正文段落环环相扣，真正与文章内容相呼应，巧妙地融入正文之中，条理清晰地阐述文章主题。

另一方面，通过层层递进的段落内容，能将主题完全彻底地阐述清楚，并用充分的举例来证明主题的正确性，做到与主题呼应。文章的标题、主旨和小标题要完美融合于整篇文章的布局之中，以达到最佳理想的推广效果。

软文之中小标题的撰写是要让其达到引起读者兴趣的目的，小标题可以是文章内容的简要概括，可以是文章的线索，可以是感情的出发点，只要在软文写作中运用得好，就能达到较好的推广效果。

用词要符合趋
势，直击用户
痛处

软文要想真正达到预期营销效果，就要具备极强的说服力或者感染力。这并不是说软文撰写必须要完全使用书面语，也可以用一些生活化的语言，同时必须找到潜在消费者真正的需求，用犀利和直指人心的语言，直击消费者最不愿意面对的痛处，争取达到营销的目的。

软文营销的撰写用词要符合产品的营销事实，符合当前的社会销售趋势，真正将产品的功能和消费者的购物心理相结合。因此，软文撰写中的理想推广技巧并不是一味按照消费者的想法来进行，必要的时候要学会直击消费者痛处，让其意识到产品的真正效果。

用词符合趋势就是要软文撰写者在写作的过程中考虑当今消费者的心理和对新兴名词的兴趣度，真正让软文与时代相结合，不断引起大家的兴趣，才能增加文章的搜索率，大大提升阅读率。

直击用户的痛处就是要求软文内容不仅要研究出消费者的购物心理需求，还要直接指出消费者购物时考虑的不足之处，提出一些消费者都有所不知的购物意见，真正将软文和产品的功能相结合，达到最优营销效果，使顾客和商家两方都满意。

排版要美观清晰

　　整篇文章撰写完成后，软文的编排设计也是很有学问的。文章排版美观，才能符合大部分读者的阅读体验，提高软文的转载率。那么，在文章排版设计上应该注意什么问题呢（图22）？

 标题用二号或者小二号黑体字，小标题要有序号
正文用小四号宋体或仿宋

 每行排22个至26个字　　 四边各为2厘米

 一般每版以5栏划分，每栏约6厘米宽
小报每版以4栏划分，每栏5.5厘米宽

图22　软文排版中的设计要求

1.字体和字号

软文中字体的选择一般采用发布媒体惯用的新闻字体。软文中的标题一

般包括引题、副题、小标题，字体和字号一般采用二号或小二号黑体，小标题要排列整齐，有序号。对字体的装饰比如底纹、阴影、立体等，也要和文章整体的设计风格保持一致。正文一般采用小四号宋体或仿宋字，整篇文章布局要保持一致。

2.行间距和页间距

一般来说，正文的行距以一毫米为佳，也就是10毫米的距离内只能排3行字，一般一行文字为22个至26个。页间距通常四边各为2厘米。软文编排设计时要严格把握行距和字距的疏密，再配合字体字号一致，就可以和新闻稿一样美观大方。

3.分栏

对于较长的软文来说，分栏必不可少。要严格参考发布媒体的分栏方式，严格把握每栏的栏宽长度。一般来说，每版以5栏划分，每栏约6厘米宽，小报每版以4栏划分，每栏约5.5厘米宽。

软文推广不仅是产品的推广，也是品牌的推广。只有给消费者营造良好的阅读体验，才能在未来的营销中给消费者以较好的品牌印象。软义的排版美观清晰、布局统一，才能给消费者以良好的阅读体验。

软文的营销效果与其覆盖的传播媒体的数量有关。营销即宣传，如果不能让消费者接受软文及其传递的信息，那么，软文布局得再好，排版再美观，标题再吸引人，也不能让消费者接受。因此，在进行软文营销时，其覆盖的传播媒体切不可过少。

1.媒体

通过媒体宣传的目的，不只是为了在媒体上露个面，而是要通过媒体辐射到潜在用户，假如媒体数量过少，软文营销几乎没有意义。媒体的受众面较广，无论受众是不是潜在消费群体，都可能成为最终的消费者。

2.门户+新闻+行业网站，进行组合宣传

在传播媒体中，门户、新闻和行业网站的结合是软文增强传播媒体覆盖的重要方法。随着科技的不断发展，新闻的更新速度在不断上升，大家对新闻的关注度也在不断增加。新闻式的软文营销已经成为营销的一部分，也是软文覆盖传播媒体的重要平台。

3.宣传要以月度为单位

每月发布4篇以上软文，每篇软文覆盖20个以上的媒体，才能形成立体

宣传覆盖效果。刷屏式的做法虽然没有多高的技术含量，但不可否认的是它的确能够给消费者留下深刻的印象。

　　软文覆盖的传播媒体过少，会达不到软文预期的营销效果，但是数量也不可太多，以免引起消费者的审美疲劳，产生反感情绪。因此，选择适合软文推广的传播媒体，多用正确的方式进行宣传营销，才会达到事半功倍的效果。

第十章

▶▶

八大行业软文营销经典案例

软文营销发展到今天，各行各业都在软文营销方面有所涉猎。我们要知道，软文营销是有规律可循的，软文写作又是分行业的，不是每个技巧在各行各业都是通用的。因此，软文营销者需要创作出不同的软文，以适应不同的行业特点。

餐饮类软文营销

有句老话说得好，"民以食为天"。餐饮行业一直以来都是软文营销的主要战场之一。随着国内消费水平的不断提高，人们对食品的要求越来越严格，对餐饮业的要求也越来越高。虽说"酒香不怕巷子深"，但是面对当今社会变幻莫测的市场行情，软文营销在餐饮类企业的营销中逐渐占据着越来越大的比重。

餐饮类软文主要的营销策略就是利用网络技术，引导消费者在参与传播的过程中对餐饮产品、活动产生了解和认同，进而实现双向交流。这种营销方式为餐饮业的营销创造了巨大的利润，因此受到了广大餐饮业的青睐，成为餐饮企业竞争中的有力武器。下面是在2015年端午节之际发布的一篇关于咖啡的软文，标题为《五月，唯有咖啡与爱不可辜负》。

对于热爱咖啡的人来说，推开那扇门，迎着热情的笑脸，端一杯浓香四溢的咖啡，随着轻柔的音乐把自己埋进宽大的沙发里，可以对着窗外静静发呆，或者与友人分享生活中的点滴。×××咖啡，就这样在不经意中成了我每日生活中必不可少的那一部分。

在2015年5月23日，30位来自南京不同区的《现代快报》读者会聚×××咖啡淮海店，他们中有工程师、教室、理财师，还有企业管理人士等，在那个周六的上午，专注聆听×××咖啡大师分享咖啡文化——用嗅觉感受咖啡的芳香，用舌尖体会咖啡的浓度，用舌根来辨别咖啡的醇度，在脑海中描述咖啡的风味，或许是草药风味，或许是柑橘风味，或许是泥土芳香。这就是咖啡的魅力。

品尝咖啡、蛋糕，了解咖啡文化，还有全员参与的游戏，环环相扣的安排令所有参与者度过了愉快的时光。

黑围裙大师的咖啡魅力

"品尝咖啡的第一步是闻，用手遮住杯子上方，留出一个小缝隙，将鼻子凑过去，深深地呼吸，闭上眼睛感受咖啡的香气，让这股浓香充满鼻腔。第二步是大力吮吸，让咖啡快速充满口腔……"

咖啡教室现场，在黑围裙咖啡大师的指导下，品尝咖啡被分解为四个步骤。"虽然常常喝×××，但这些步骤我还是第一次体会。"在南京一所大学任教的王先生说，这样的分享很有意思。

×××门店中，大部分咖啡师穿的是绿围裙，只有少数的佼佼者在经过层层选拔后可以穿上"黑围裙"，这是一种身份的象征——拥有×××"咖啡大师"的称号，这需要经过长期而全面培训及通过严格的考试后，才能获得的认证。

"如果你在门店中看到黑围裙的咖啡师，可以指定他来为你做一杯咖啡。"×××区域级咖啡大师刘松雨告诉现代快报读者，每位咖啡大师都非常愿意分享及传播咖啡知识。目前×××新百店和德基店都有黑围裙咖啡大师在为大家服务。

派克咖啡的励志范

经过咖啡大师刘松雨的制作，×××独有的咖啡——"派克市场"拥有了更为鲜活的表现力。"因为喜欢×××，我特意了解了这款咖啡的历史。"《现代快报》读者张女士说，派克市场烘焙咖啡柔和的酸度与微妙的可可和烤榛果味有着完美的平衡。

作为×××的一款独有咖啡，派克市场咖啡豆的配方和产地都是保密的。1971年，×××第一家门店在美国西雅图派克市场开业，派克市场烘焙咖啡以此得名。这款咖啡从诞生到获得市场认可，其间经历了不少波折，然而星巴克的咖啡大师们在不断调整制作方法后，终于得到了一款经典的咖啡。"用这个名字为咖啡命名是为了纪念，更多的是表达敬意，也是一种提醒，提醒我们每一位伙伴，勿忘初心。每天我们制作几百杯咖啡，但对每一位客人来说，每一杯×××都很重要，必须品质如一。"刘松雨说，对于热爱×××的人来说，不论在生活中遇到怎样的麻烦，不论工作上遇到怎样的挫折，来×××吧，来上一杯派克咖啡，一定会给予你振作起来的力量。

这是一篇×××咖啡的营销推广软文。餐饮业的软文，必须通过文字将食品的美味描述出来，以达到吸引消费者的目的。这就要求软文撰写者有着较强的文字把控力，同时可以融合一些食品本身的价值和故事，让消费者产生购买的欲望。那么，在餐饮类软文的撰写中，有哪些写作技巧是我们应该注意的呢？

1.软文策划技巧

餐饮类软文和其他软文有一个共同点，就是写之前必须要有软文策划，要了解所写行业的特性以及所写产品的特点，做到知己知彼，百战不殆；其次是要针对所写的餐饮品牌进行不同阶段、不同主题的软文宣传；最后要分三个阶段进行软文推广，即设定品牌形象、设定品牌特色和确定软文主题，从而对产品进行宣传，这些都是在软文策划中需要完成的。

2.软文格式技巧

餐饮类软文的撰写者多数会以新闻格式类和体验格式类进行撰写。对于餐饮类软文推广而言，新闻格式类软文可以突出餐饮品牌的品牌价值，折射出其营养健康价值。而体验类软文可以假定一个消费者的角色，站在消费者的角度描写消费过程的整个经历，这样描写可以细致入微，重点在突出产品色、香、味的同时，还可以宣传卫生和服务环境，以描绘出消费者理想的就餐环境。

3.软文宣传技巧

餐饮业的软文宣传需要阶段化地进行，格式主要是上述所说的新闻和体验类格式。但在实施过程中最好在每个阶段采用两种格式相互配合，从不同的角度和角色进行宣传，争取让消费者耳熟能详，达到最佳效果。

其实，不同行业的软文格式相差无几，但是因为侧重点不同，所以软文内容也有所差异。餐饮类的软文撰写相比其他软文，最重要的就是以事实为基础对消费者进行一定的责任性宣传，才能让品牌的魅力真正征服人心。因此，在软文撰写中，餐饮类软文切忌空口说白话，以免后期消费者消费时产生不良的体验。

汽车行业软文
营销

随着网络的不断发展，软文推广已经成为汽车行业中最重要的营销手段。一篇优秀的软文不仅能够在营销宣传上有所影响，还能够在提升客户转化率和带来销售量方面起着举足轻重的作用。因此汽车类行业软文营销对软文写作有较高的要求，同样也会给企业带来较高的利润。

下面是时值A创立一百年之际，由"相爱相杀"的B为A送来的一封贺电，使这个生日变得人尽皆知。贺电全文是这样的：

A百岁，三叉星辉贺：

感谢一百年的竞争！

没有A的那30年，其实很无聊！

如果没有A一路同行，

我们哪有创新的科技、最酷的设计、最好的顾客满意度？

当然，还有销售量、市场份额、利润…

因此，我们来了，贺老朋友的百岁寿辰！

当然，我们也要做点表示：

下周，B博物馆邀请A的伙伴们免票参观！

在这儿，A的小伙伴们可以了解A出生前30年的汽车历史！

驾驶A汽车前来的小伙伴，

我们邀请您将A车停在B博物馆最棒的螺旋球入口正前方！

每天最先抵达的50位A的小伙伴，在漫步一圈儿后，

B博物馆餐厅还将提供一份特色小吃：酸饺子！

感谢一百年的竞争！A，生日快乐！

这篇贺电一经发布造成了极大的轰动，一时间好评满天飞，特别是那句、"感谢一百年的竞争，没有你的那30年，其实很无聊"被广泛传播，甚至奉为经典案例被载入史册。真正优秀的软文是能够以对对手的尊敬来达到最优的宣传营销目的。

其实类似的案例数不胜数，但为何只有B的贺电名利双收呢？究竟在汽车类软文营销之中，有哪些写作技巧值得我们学习呢？

1.字数和分段

软文字数要得当合理。一般汽车类软文的标题控制在16到20字之间，正文字数在500到1500字之间最为合适。字数过少，无法传播足够的信息，引起消费者的注意力；字数太多，浏览者没有耐心看完，基本上看个大概意思，反而起不到营销的作用。

软文分段应该清晰明确。汽车类软文一般可以分为产品软文、促销软文、活动软文、对比软文等类型，对于产品类的相关软文，最好按照车型的卖点一一分段列出，可以给人以条理清晰的感觉。当然，也可以根据不同车型的不同促销手段列出，方便消费者清晰地了解车型价格等信息。

2.图文和链接

汽车类软文的一大特点就是需要软文图文并茂，以求达到直观的目的。通过图文并茂的软文发布能够增加文章的说服力，给消费者以感官刺激。而

链接的作用则是使软文在发布时内容更丰富，让客户更深入、更直观地了解产品。

3.关键词和总结收尾

在软文内容中添加关键词是软文想达到理想营销效果的关键一步。在中文搜索引擎中，文章的开头和结尾处添加能代表本文主要表达信息的关键词，可以提高网民对软文信息的关注度和记忆度，还能提升搜索结果，显示排名。而在结尾处总结收尾可以提高文章的可读性，因为只有给别人带去价值的时候，别人才能给你带来价值。

上述就是汽车类软文撰写的写作技巧，严格按照以上的写作技巧撰写，才能在汽车类软文中更好地进行产品的宣传和营销。当然，必要的时候可以参照以上案例，A和B本来就是汽车行业的两大竞争对手，"相爱相杀"的营销方式更能达到意想不到的效果。

酒店类软文营销

作为营销的传播利器之一的软文，其强大的渗透力、传播力和单一工具的局限性逐渐被大家所认识。近几年，酒店行业的软文营销越来越受到企业的高度重视，以较少的成本获取较高利润的优势，使得酒店在此类营销之中所做的文章越来越多，相应地也取得了较好的成绩。

酒店类软文营销最经典的案例莫过于迪拜七星级酒店的软文营销。当时以两篇核心软文，《全球唯一的七星级酒店：24吨黄金装饰》和《迪拜七星级酒店六成中国游客，消费能力让人吃惊》被中国各大网站和报纸争先转载，被其他平面媒体报道引用。结果一时间，××酒店成为国内富豪、明星争先参观的景点及入住的首选。

下面就是一篇名为《××酒店，2016中秋献礼》的酒店类软文。

××酒店自主研发产品"鲜鲍粥"与"坚果特选"等中秋礼品，还特别为您准备了与家人共享的中秋套餐以及与家人一同制作健康小食、松饼等课程。

××酒店官方微信正式上线，中秋好礼等您拿！

今年新鲜上市的鲜鲍粥是严选清净海域产的活鲍鱼进行料理的高级健康美食；坚果类特选是在不使用添加剂的原则下把用糖量最少化，最大限度保留清淡香酥的坚果类食品原味的自制营养小食，种类有开心果、核桃，山核桃，葡萄等。

此外，××酒店为了迎接中秋节的到来，特别推出能够让您与家人共度美好中秋月圆夜的中秋套餐"休·息"。选用本套餐的顾客均可获赠××酒店食品研发中心精心研制的"山核桃小食"一盒，以及可以与家人互动、一同做中秋传统食品的课程，让您与全家一同度过美好而特别的中秋佳节。

所有选用中秋节套餐的顾客都可以参加亲手制作松饼的课程"捏·幸福"，除了做松饼，还有礼品赠送活动等。课程从9月7日（周日）下午3点30分开始到5点30分在酒店本馆2层多功能大厅进行，必须提前预约。

××酒店微信公众平台正式开通，关注公众平台，可以更快了解××酒店的活动，与××酒店的互动会更加便捷。并且，我们的微信公众平台与官方微博将在迎中秋、国庆双节之际，准备有奖转发活动，奖品分别是××酒店一晚住宿券（含俱乐部客房2人早餐）、手机自拍架、保温壶等丰厚奖品，请多多关注我们。

由以上案例大家可以看出，酒店类软文相比于其他行业来说，促销型软文较多。在此类软文之中，酒店类软文要制造需求和引导需求，以顾客的感受为中心，真正让软文达到营销的预期目的。那么酒店类软文的写作技巧有哪些呢？可以从以下几点入手。

1.产品

企业对一件产品进行营销宣传，这本身就是一件新闻。软文撰写者可以利用酒店的产品宣传，从中寻找具有新闻价值的东西，或者通过酒店领军人物的事迹进行产品的营销，提高文章的可读性和阅读率。

2.行业地位

酒店类企业的软文营销中一般会直接点名企业的名字。有的企业处于比较受人瞩目的行业，由于媒体对该行业的关注，就免不了被报道。因此，软文撰写者就可以抓住媒体这一特点，及时将酒店的一些动向、资料编辑成软文，提供给媒体，进行企业宣传。

3.事件和活动

有些企业本身并不引人注目，但是其发生的事件却具有很大的新闻价值，这就是软文撰写者可以利用的一大优势。有特点、有影响力的活动大多数会引起媒体的关注和报道，有时候广告公司、策划公司也会站在媒体的角度充分挖掘活动的社会意义，这样就更加具有影响力了。

当然，酒店类软文在撰写中还可以借鉴企业特有的文化特点、有成效的经营管理方法等。这些都是在撰写酒店类软文可以借鉴的，最终目的就是吸引消费者的注意，增强文章的可读性，促成销售。

家电类软文营销

　　家电产品作为我们日常生活中不可或缺的一部分，其营销方式受到了企业的重视。随着技术的不断发展，家电产品作为一种科技含量较高的商品，为解决消费者日常生活难题而为大家所接受。因此，家电产品的推广和市场开拓也有赖于软文推广的方式让消费者深入了解家电新产品的特点及使用方法。

　　家电行业软文营销中最喜欢打的就是"促销牌"和"新品发布牌"，这两种策略是家电行业屡试不爽的软文营销方式，能够大大地吸引消费者的目光，促进销售量的提升。下面我们就来看一篇典型的案例，标题为《××2015年终大促：打折打到"骨"折》。

　　转眼间又到年底了，2015年仅剩下二十来天了，就在各行各业都在叫嚣"双十二"的时候，××却别具匠心地为广大消费打造了一场堪称十年以来最豪气的家电盛宴，活动口号更是震动人心：打造中国版"黑色星期五"，打折打到"骨"折！笔者也被这种霸气震慑了，决定到××一探究竟。

在刚刚过去的9月17日，××举办了今年第一场全国大型亲友内购会，当天取得了42亿的惊人销售额，更是以绝对的低价横扫全网，买到即是赚到，佛山××当天接待了超过10万名消费者，除了专享的优惠价格，更在场内为消费者准备了精美的点心、零食、饮用水，并设置了温馨舒适的休息区，凡参与活动的朋友都得到了不一样的购物体验，真正的省钱、省心。

那么，即将到来的××第二次全国内购会，您可不能错过啊！笔者了解到，××内部从11月中旬就全力准备此次年终活动，除了让人兴奋的"骨"折价，还有哪些值得我们期待的呢？

备战"1218"，佛山××已经采购了数批个定制水杯，做这次顾客的进店礼，同时也与保利影城达成了协议，凡在12月15日前领取活动入场券并确定所要购买的家电型号的顾客，活动当天买单后便可获得××送出的电影票，礼品多多，尽显诚意。

备战"1218"，佛山××已经招募了上百位促销员进行现场讲解，并聘请高级面点师在活动现场为大家制作美食，同时更新了门店上百个休息区，届时整个店面让人耳目一新，让您欣喜前来，满意而归。

备战"1218"，为了减少您的等待时间，××这次活动准备了扫码枪实现"二维码"付款，配置多个一体化收款台助您快速缴费，买单后送货时间由您定，一日多达，精准配送。

备战"1218"，近段时间佛山××走进各个社区一对一讲解12月18日××超级福利日。每到一地现场都超级火爆，入场券预订被一扫而空。有需要的朋友只要联系您身边的××员工，或致电8×××××××咨询预约，××方面即会安排专业的讲师为您讲解活动，同时送上活动入场券，机会难得。

备战"1218"，××已经准备了近万件打折商品，下面我们先来看看有哪些爆品：A牌39英寸节能彩电，网上价1699元，活动当天仅需1199

元。48英寸4K超高清彩电，网上价3399元，活动当天仅需2399元。B牌55英寸等离子彩电，网上价6999元，活动当天仅需5999元。205升三门C牌电冰箱仅需999元，D牌8公斤滚筒洗衣机仅需2499元，E牌649升对开门冰箱网上价4599元，活动当天仅需3499元。

"1218"我们共同期待，××将再次刷新历史，再次给你不一样的购物体验，来吧，我们等着您！

由以上案例大家可以看出，××电器采用促销型软文介绍，与节日营销活动相结合，推出一系列与以往差别较大的优惠活动，再加上时间的紧迫感和赠品优惠券的有限性，给消费者一种强烈的购买信号。那么，家电类软文营销的写作要素有哪些呢？

1.产品是写作的基础

家电类软文的写作、发布就是为了销售商品，提升网站品牌的服务。一切软文都以产品的销售和品牌的推广为目的。因此，产品就成为软文写作的基础，产品的质量和产品的特殊性及新品的功能就成为产品介绍的重中之重。

当今社会，山寨产品、假冒伪劣产品不断侵入人们的日常生活，消费者对于产品的质量格外重视。从彩电、冰箱、空调等到小件的剃须刀、电饭煲等，无论是经销还是代销，均要在有质量保证的大商场予以购买，保证出现质量问题可以及时退换货。

当然，软文之中除了要将消费者的顾虑打消之外，还要针对营销的产品进行宣传介绍，无论是已有的还是新品，都要将产品的特色介绍给消费者，并进行宣传，让消费者了解到产品的详细信息，才能放心购买。

2.促销价格和赠品是利器

家电行业促销中的低价和赠品是最吸引消费者的软文营销内容，促销价格和赠品永远是最诱人的武器。消费者信奉"买到就是赚到"，在软文写作中要突出价格优势，作为文章的主要点和点睛之笔。在赠品上，需要详细介绍、仔细描述，各类赠品的不断出现肯定在一定程度上给消费者以优惠的感觉。

3.服务是锦上添花

面对如此优惠的价格和赠品，如果还不能打动消费者的话，最后就要用服务来说服消费者。服务成为时下消费者较为关心的话题，在网上购物日益频繁的今天，服务更是消费者考虑的重中之重。因此，每逢"3·15"消费者权益日前期，各大家电零售企业、家电零售网站纷纷推出全新服务，这些服务内容可以写在软文的结尾处，作为锦上添花的一笔。

家电类软文和其他行业软文不同的是：可以用新闻和促销相结合的方式引起消费者的注意，可以引起消费者货比三家的好奇心。特别是对于潜在消费者而言，新产品在一定程度上是对已有产品的改进和升级，更符合当今时代的流行趋势，取得消费者的信任，从而使消费者在对价格、品牌、礼品和服务等各方面综合考虑以后，实现销售目标。

在智能化时代，APP已成为软文营销的服务对象之一。尤其是对于要打知名度的APP来说，软文具有成本低、效果高的特点，既降低了其前期的成本投入，又能达到最佳的优化效果。下面是一篇关于×××智能APP的软文营销推广，标题为《×××APP怎么样？×××官网APP下载》。

×××APP是国内规模最大的实体店铺众筹平台——×××推出的一款手机应用程序，只要在手机上下载了×××APP并进行安装，即可使用手机快速浏览×××上面的项目或者是发起项目，或者对发布的项目进行管理等，可谓方便至极。那么，×××APP要怎么下载呢？

据了解，×××是国内首家实体店铺股权众筹平台，旨在为"草根"投资人和普通投资者提供线上、线下项目路演，项目筛选以及项目运作等相关服务，其推出的APP更是备受投资者喜欢，下载量庞大。

a.×××APP特色

（a）在×××平台上可找到自己喜欢的项目进行投资；

（b）融资成功后，项目盈利即可享受分红，并随时查看融资店铺的状态；

（c）融资者可以为自己店铺融资，通过手机随时了解融资进展，融资成功后，即可营业。

b.×××APP下载

×××APP的下载非常简单，只要进入×××官网，把网页拉到最底部，你就会看到两种下载方式。

（a）手机APP下载：打开手机扫描给出的二维码下载地址，即可进行下载安装；

（b）扫描关注微信：打开微信扫一扫，扫描×××微信二维码，关注×××微信公众号，即可通过微信公众平台访问其官网。

由以上案例大家可以看出，×××的APP软文推广就是为了让消费者进行APP下载，从而进入产品的营销之中。APP营销推广软文的撰写要注意以下两个方面。

一方面，要将APP的主要功能对大家进行一个详细的介绍，不能让消费者不明白这个APP是用来做什么的，要让消费者真正了解，从而为其忠实的粉丝。因此，软文撰写者应注意内容的编辑要与APP的主要功能相挂钩，才能取得消费者的信任，达到营销的目的。

另一方面，APP的介绍之中除了要吸引大家的注意力、吸引消费者的兴趣之外，还要将下载方式向大家说明，不然随着网络信息的多样化和更新化，自己撰写的软文很可能为别人做了"嫁衣"，那就得不偿失了。

APP类软文营销在很多时候不是在营销一件产品，而是在对一个网站甚至一个企业进行营销。这时候就需要撰写者了解APP的主要功能以及产品，向消费者做出一个重点推广，让消费者对其有一个大概的了解，才能使其顺利地走入营销活动中。

房地产作为一个利润较大的行业，其在营销方面的投入相比于其他行业来说较多。一般采用"硬广+软广"相结合的方式来进行产品的营销宣传，主要以软广为主。软文不仅可以给消费者以文字的叙述，更能以图片的方式给消费者以视觉化的感官接触，从而加深消费者的印象，达到营销的目的。

下面是2015年河北廊坊××城发布的一篇图文并茂的新闻类软文，标题为《十年××城，十万户家庭的选择——廊坊××城新品发布》。

廊坊××城，是××品牌11年积淀的城市升级力作，也是首个位于城市核心区的都市型社区（图23）。项目位于首都第二机场东侧，处于空港核心区。作为新的城市门户，廊坊××城将被打造成"幸福社区"样板。

继廊坊××城1.1/1.2/1.3/1.4/2.1期和尊贵奢华的大公馆之后，1.6期在地段、产品、户型、规划、配套和生态智能方面都做了升级，特别是新风全面入户配置，更是开创了全健康绿色住宅的新篇章。

××城是依托所在区域进行整体规划、持续发展的大型综合社区。

图23　廊坊××城效果图

以"自然、多元、文化、家庭"为价值元素构建"幸福社区"体系，注重自然生态环境的打造，为社区创造便捷、宜居、多元的人文生活空间，实现个人和家庭的成长，共享幸福社区的精彩未来。

××城品牌在全国范围内，整合"山、泉、湖、港、河、海"等优势资源，形成"成长、成就、成功及养生"四大系列产品，并以公寓、住宅、洋房、庭院等品类，为每一个家庭缔造幸福居住的理想家园。至今，××城已赢得十万户家庭、几十万客户的信任与选择。

如今，廊坊××城以环北京区域"配套较为成熟、城市感较强的××城"形象面市，全力打造××城系列品牌的新标杆。

由以上孔雀城的案例大家可以看出，房地产软文的营销大多数都是以新闻式软文出现的，不仅是对产品的宣传，同时也是品牌形象的建立。房地产软文的撰写，可以分为以下三个方面。

1.树立良好的品牌形象

房产的推销在很多时候需要软文推广者不断营造品牌形象，为产品的推出做铺垫。因此，可以采用新闻热点、新闻观察和新闻发布会等方式建立产品的品牌形象，务求达到让品牌深入人心的效果。

2.要注意产品形象

产品的形象就是产品的营销推广，这时候要宣传产品的理念、主推产品价值点等。此时可以抛开新闻的时效性，进入对产品价值点的宣传中，也是软文创作的中心阶段。

3.产品卖点要深化

通过前期价值的阐述和理念的渗透，消费者对于品牌和产品已经有了大致的了解，那么，最后就需要软文撰写者给消费者一剂强心针，深化产品的卖点和优势，增强消费者购买的自信心，从而达到营销的目的。

房地产行业的特殊性决定了其软文必须有较强的针对性。面对潜在消费群体进行产品的营销活动，摸准他们购买的心理需求，才能对症下药，促成销售的成功。当然，必须要求撰写者对房地产行业有着较深的了解，方能以专业的身份"答疑解惑"。

教育类软文营销

教育作为国家的重点发展方向，其在软文营销上永远都是势不可当的。教育的权威性能在软文营销中体现，从而更容易让消费者信服。人们对教育问题越来越重视，相应的财力投入也越来越多。因此，在教育类软文营销中，要从让消费者在哪些方面有所收获来说，真正去了解什么才是这类消费者最为关注的。

教育类软文不仅担负着软文营销的作用，而且在一定程度上还负有责任感。这类软文必须以事实为依据，真正彰显出文章的权威性。因此，在教育类软文营销之中，可以从简单的几个方面来进行。我们以本书第二章悬念类软文中的案例为例，其标题为《新兴行业，高中生抢大学生饭碗？》。

从文中我们可以看到，它不仅是一篇悬念式软文，更是一篇教育类软文。这篇软文以那些错过大学的高中生进行铺垫，引出安徽××电脑专修学院，为高中生提供新兴行业专业技能的指导。使得文章具有了较强的可读性，同时也能达到营销的目的。

在教育类软文之中，一方面要学会吸引消费者眼球，使读者产生阅读的兴趣，或者是针对潜在消费群体，能够真正地从他们的需求出发，直击消费者的痛处，让他们产生继续阅读的欲望；另一方面，在软文中要学会用数据来证明一些事实，加大文章的说服力，让消费者了解到这是有事实作为依据的，这样更容易取得他们的信任。

总之，撰写教育类软文要遵循以上原则，以事实为依据，使消费者对其产生浓厚的兴趣，增强文章的可读性和含金量，达到营销的目的。

金融类软文营销

在当今社会，随着移动支付平台的不断发展和经济的飞速进步，金融类软文也逐渐出现在大家的视线中，由于其专业性较强，使得此类文章的写作要求较高。下面是一篇标题是《领跑支付行业，××合作银行迫近40家》的软文，读者可以通过这篇软文，了解金融类软文的写法。

国内领先的独立第三方支付企业××最近透露，随着与兴业银行、南京银行等陆续达成合作，迄今为止，××的签约银行已由去年的25家攀升至目前的35家，继续领先其他支付企业，坐拥"最多合作银行"的桂冠。

据了解，目前与××达成合作的35家银行中，已经悉数囊括了4家国有银行、全国13家股份制商业银行中的11家，以及包括上海银行、渤海银行、宁波银行、深圳平安银行、徽商银行、厦门国际银行、东亚银行等在内的20家城市商业银行和外资银行，此外××还与中国银联、全国农信银资金清算中心、Visa、Master、JCB等数家金融机构结成战略合作伙伴，服务覆盖国内外30亿张银行卡。

a.成长秘诀在于业务创新和延伸银行渠道

××CEO称，迅速获得银行信赖的秘诀在于××的业务创新和延伸银行渠道。凭借独立、专业、开放的第三方支付平台，××不仅与银行合作推出了众多创新型的支付产品与服务，而且为银行带来了更多用户，提升了银行用户的活跃度。

而依靠银行的认可，××开展了更深层次的支付业务，用户与业务量稳步上升。截至2016年9月30日，××已拥有6000万注册用户。

b.稳步成长更有利于为用户服务

××支付分析师表示："第三方支付平台的便捷性和普及度，很大程度取决于与银行合作的广度和深度。快钱的成功，很重要的原因就是与诸多银行建立了长期、稳定而且深入的合作伙伴关系。"

自2005年至今，××用3年时间打造了国内领先的独立第三方支付平台。通过××支付平台，企业、商户可以与银行系统顺利对接，大幅降低交易、清结算等成本；另一方面，个人用户又可以享受到网上购物、手机充值、信用卡分期付款、机票、酒店预定、生活缴费等多样化的服务，大大方便了人们的日常生活。

××CEO表示："××正在进一步拓展与全国各类银行的合作，为所有用户提供更加便捷的电子支付服务。下一步，我们将和各类银行展开更加深入、密切的合作，推出更多便捷的特色服务。"

据了解，依靠和银行广泛、深入的合作，××获得了快速的发展，推出了人民币支付、外卡支付、神州行卡支付、联通充值卡支付等众多支付产品，支持互联网、手机、电话和银行自动提存款等多种终端，满足了各类人群的支付需求。有数据显示，无论从交易额还是用户增长来看，××早已成长为独立第三方支付市场的第一名。××获得银行的广泛支持将使得这一市场地位更加稳固。

通过以上案例大家可以看出，在金融类软文的撰写中，软文的撰写技巧包括以下几个方面：

1.标题一目了然

金融是一个特别严肃的话题，一般都会涉及国家政策或是法律法规。话题的特殊性决定了其软文撰写的风格也是严谨、专业的，因此，为了使软文撰写更具有正确性和易读性，标题要让读者在看到的第一眼便能明白是什么意思。

2.正文内容要专业

上文提到过，话题决定了软文内容必须具有专业性。因为金融方面有很多专业的名词和数据，且不能有丝毫的错误。因此软文撰写者必须要在掌握这些专业名词的前提下进行创作，切忌不懂装懂、胡乱用词。

3.分段要清晰

由于金融软文专业性较强，读者阅读文章的时候，如果看到长篇大论的话可能会厌烦，降低阅读量。因此在软文撰写时要多划分段落，可以利用小标题结构使文章的脉络显得更加清晰，提高软文的阅读量和可读性。

总之，软文撰写者在撰写金融类软文时必须以一种专业、严谨的态度进行撰写，尽量以专业性的表达方式来进行产品的营销，给消费者营造一种专家建议的感觉，从而大大提高销售率。